高等职业教育房地产经营与管理专业教学基本要求

全国住房和城乡建设职业教育教学指导委员会
　房地产类专业指导委员会　编制

中国建筑工业出版社

图书在版编目(CIP)数据

高等职业教育房地产经营与管理专业教学基本要求/全国住房和城乡建设职业教育教学指导委员会房地产类专业指导委员会编制. —北京：中国建筑工业出版社，2017.12

ISBN 978-7-112-21636-9

Ⅰ.①高… Ⅱ.①全… Ⅲ.①房地产管理-高等职业教育-教学参考资料 Ⅳ.①F293.33

中国版本图书馆 CIP 数据核字（2019）第 289349 号

责任编辑：张　晶　牟琳琳
责任校对：姜小莲

高等职业教育房地产经营与管理专业教学基本要求

全国住房和城乡建设职业教育教学指导委员会
房地产类专业指导委员会　编制

*

中国建筑工业出版社出版、发行（北京海淀三里河路9号）
各地新华书店、建筑书店经销
北京红光制版公司制版
廊坊市海涛印刷有限公司印刷

*

开本：787×1092毫米 1/16 印张：11 字数：244 千字
2019 年 12 月第一版　2019 年 12 月第一次印刷
定价：35.00 元
ISBN 978-7-112-21636-9
（31248）

版权所有　翻印必究
如有印装质量问题，可寄本社退换
（邮政编码　100037）

房地产类专业教学基本要求审定委员会名单

主　　任： 何　辉

副主任： 陈锡宝　武　敬　郑细珠

秘　　书： 陈旭平

委　　员：（按姓氏笔画排序）

　　　　王　钊　邓培林　冯占红　刘　霁　刘合森

　　　　孙建萍　杨　晶　杨　锐　杨光辉　谷学良

　　　　陈林杰　陈慕杰　周建华　孟庆杰　章鸿雁

　　　　斯　庆　谢希钢

出 版 说 明

针对土建类高等职业教育规模迅猛发展，但各院校的土建类专业发展极不平衡，办学条件和办学质量参差不齐，部分院校的人才培养质量难以让行业企业满意的实际，原高职高专教育土建类专业教学指导委员会（以下简称土建教指委）于2010年启动了新一轮专业教育标准的研制，名称定为"专业教学基本要求"。在住房和城乡建设部的领导下，在土建教指委的统一组织和指导下，由各分指导委员会具体组织全国不同区域的相关高等职业院校专业带头人和骨干教师分批进行专业教学基本要求的开发。2012年底，完成了第一批11个专业教学基本要求的研制工作，到2014年，共完成17个专业教学基本要求的研制，由中国建筑工业出版社面向全国出版发行。这批专业教育标准的出版，对于规范土建类专业教学行为、促进专业建设和改革发挥了重要作用。

近年来，特别是党的十八大以来，新型城镇化同新型工业化、信息化、农业现代化一起成为国家战略，住房城乡建设领域面临空前的发展机遇与挑战，土建类高职教育也出现了许多新变化：一是新技术、新工艺、新材料、新设备不断涌现；二是各院校在专业教学改革上形成了许多新的成果；三是《普通高等学校高等职业教育（专科）专业目录（2015版）》的颁布实施，土建类专业由原来的27个增加到32个。这些变化都对土建类技术技能人才的培养提出了新期盼和新要求，原来研制的专业教学基本要求已不能完全适应新的形势。有鉴于此，2015年，全国住房和城乡建设职业教育教学指导委员会（以下简称住房城乡建设行指委）组织开展了第二轮教学基本要求的制（修）订工作。到2017年，第一批6个专业教学基本要求已完成制（修）订。

本轮专业教学基本要求集中体现了住房城乡建设行指委对教育标准的改革思想，保持了第一轮专业教学基本要求的特点，同时增加了《顶岗实习标准》和专业方向。

受住房城乡建设行指委委托，中国建筑工业出版社负责本轮土建类各专业教学基本要求的出版发行。

各个时期对土建类技术技能人才的期盼和要求不同，各院校也在不断地积累教育教学经验，专业建设永远在路上。希望各院校在使用过程中注意收集意见和建议，并及时向住房城乡建设行指委反馈。

土建类各专业教学基本要求是住房城乡建设行指委委员和参与这项工作的教师集体智慧的结晶，谨此表示衷心的感谢。

全国住房和城乡建设职业教育教学指导委员会

前 言

《高等职业教育房地产经营与管理专业教学基本要求》是根据教育部与住房和城乡建设部的有关要求，在全国住房和城乡建设职业教育教学指导委员会领导下，由房地产类专业指导委员会组织编写。

本教学基本要求编制过程中，对房地产经营与管理职业岗位、专业人才培养目标与规格、专业知识体系与专业核心能力及技能体系等开展了广泛调查研究；在认真总结实践经验的基础上，广泛征求意见，经专家多次论证和多次修订后定稿。本要求是高等职业教育房地产经营与管理（含专业方向）专业建设的指导性文件。

本教学基本要求主要内容是：专业名称、专业方向、专业代码、招生对象、学制与学历、就业面向、培养目标与规格、职业证书、教育内容及标准、专业办学基本条件和教学建议、继续学习深造建议以及房地产经营与管理专业教学基本要求实施示例、高等职业教育房地产经营与管理专业校内实训及校内实训基地建设导则、高等职业教育房地产经营与管理专业顶岗实习标准三个附录。

本教学基本要求主要适用于以普通高中毕业生为招生对象、三年学制的房地产经营与管理专业，教育内容包括知识体系和技能体系，倡导各学校根据自身条件和本地区行业企业需求构建校本化的课程体系，课程体系应覆盖知识/技能体系的知识/技能单元，尤其是核心知识/核心技能单元，倡导工学结合、理实一体的课程模式。

主 编 单 位：天津国土资源和房屋职业学院、内蒙古建筑职业技术学院

参 编 单 位：浙江建设职业技术学院、武汉职业技术学院

主要起草人员：张惠芸　斯　庆　徐姝莹　应佐萍　褚菁晶　裴艳慧

主要审查人员：何　辉　陈锡宝　武　敬　郑细珠　陈旭平　王　钊　邓培林
　　　　　　　冯占红　刘　霁　刘合森　孙建萍　杨　晶　杨　锐　杨光辉
　　　　　　　谷学良　陈林杰　陈慕杰　周建华　孟庆杰　章鸿雁　谢希钢

专业指导委员会衷心地希望，全国各有关高职院校能够在本教学基本要求的原则性指导下，进行积极地探索和深入地研究，为不断完善房地产经营与管理专业的建设与发展作出自己的贡献。

全国住房和城乡建设职业教育教学指导委员会
房地产类专业指导委员会

目 录

第一部分　高等职业教育房地产经营与管理专业教学基本要求 …………………… 1

第二部分　高等职业教育房地产经营与管理专业(房地产估价方向)
　　　　　教学基本要求 ………………………………………………………… 61

第三部分　高等职业教育房地产经营与管理专业(房地产经纪方向)
　　　　　教学基本要求 ……………………………………………………… 119

第一部分 高等职业教育房地产经营与管理专业教学基本要求

目 录

1 专业名称及方向 ·· 3
2 专业代码 ·· 3
3 招生对象 ·· 3
4 学制与学历 ··· 3
5 就业面向 ·· 3
6 培养目标与规格 ··· 4
7 职业证书 ·· 5
8 教育内容及标准 ··· 5
9 专业办学基本条件和教学建议 ·· 20
10 继续学习深造建议 ·· 25
附录1 房地产经营与管理专业教学基本要求实施示例 ································· 27
附录2 高等职业教育房地产经营与管理专业校内实训及校内实训基地建设导则 ······ 41
附录3 高等职业教育房地产经营与管理专业顶岗实习标准 ··························· 49

高等职业教育房地产经营与管理专业教学基本要求

1 专业名称及方向

房地产经营与管理

2 专业代码

540701

3 招生对象

普通高中毕业生及三校生

4 学制与学历

三年制，专科

5 就业面向

5.1 就业职业领域

房地产开发、房地产营销策划、房地产经纪、房地产估价、房地产投资咨询等房地产相关企业。

5.2 初始就业岗位群

置业顾问、房地产市场调研员、营销策划员、房地产估价员、招商员、行政助理、前期专员、房地产投资分析员等。

5.3 发展或晋升岗位群

销售经理、行政经理、商业地产招商经理、营销策划总监、房地产估价师、房地产开发经理、前期部经理、房地产投资咨询师等。

6 培养目标与规格

6.1 培养目标

本专业旨在培养房地产行业发展急需的、具备房地产经营与管理专业知识的高素质技术技能人才。学生通过基础课、专业课的学习与实习、实训等技能训练后，应具备良好职业道德和人文素养、较强的服务意识和岗位技能，具有"互联网＋房地产"思维、创新创业意识及职业提升的管理能力，成为掌握房地产投资、房地产营销、房地产经纪和房地产估价等基本知识，具备房地产项目经营管理、房地产居间与代理、房地产价格评估、房地产网络经营等能力，能从事房地产开发、经营、经纪、估价、管理等工作的高素质技术技能人才。

6.2 人才培养规格

6.2.1 基本素质

（1）政治思想素质

热爱社会主义祖国，能够准确理解和把握社会主义核心价值观的深刻内涵和实践要求，具有正确的世界观、人生观和价值观。

（2）文化素质

具有良好的语言表达能力和社交能力，能撰写房地产专业相关应用型文书，有一定的外语表达能力、熟练的计算机应用能力，具备较强的法律知识，有一定的创业能力和创新精神。

6.2.2 知识要求

熟悉计算机、英语、数学的基础应用知识；掌握房地产制度与政策、房地产开发经营与管理、房地产经纪基础、房地产营销策划、房地产估价、"互联网＋"等方面的基本知识和操作方法。

6.2.3 能力要求

计算机应用能力：熟练使用 Office 办公软件；熟悉 CAD 技术；能熟练地网上检索、浏览信息、下载文件等。

语言文字表达能力：能准确表达个人思想，恰当地使用语言与他人交流；能有效运用信息撰写比较规范的常用应用文。

创新能力：勤于思考，积极发表自己的见解；善于动脑，乐于探索，有一定的创新精神。

专业能力：对房地产信息数据进行收集、整理的能力；房地产开发经营与管理能力；营销策划能力；房地产估价及房地产企业管理的基本能力。

6.2.4 职业态度

热爱本职工作，具有较强的服务意识，良好的职业道德和职业操守。

7 职业证书

毕业生修完规定课程，成绩合格，取得国家高等职业教育毕业文凭。符合国家和当地条件，通过相应的岗位资格考试，取得本专业相关的资格证书。

8 教育内容及标准

课程设置紧密围绕高素质技术技能人才培养目标，综合考虑学生基本素质、职业能力培养和职业生涯的可持续发展，根据职业岗位任职要求，参照房地产类职业资格考试大纲的考核内容设置教育内容及标准，充分体现行业任职要求和房地产业发展变化趋势。

8.1 专业教育内容体系框架

专业教育内容体系由普通教育内容、专业教育内容和拓展教育内容三大部分构成。房地产经营与管理专业教育内容体系框架如图1所示。

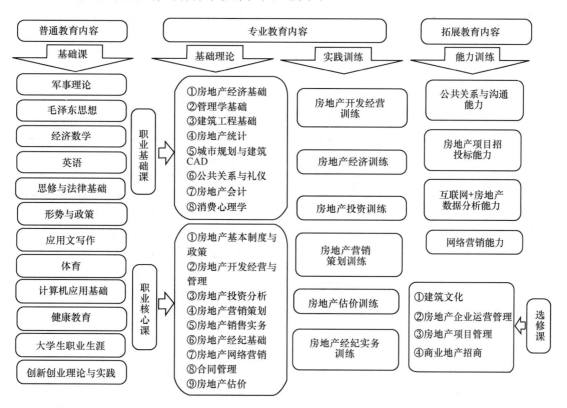

图1 房地产经营与管理专业教育内容体系框架

8.2 专业教学内容及标准

8.2.1 专业知识、技能体系一览

房地产经营与管理专业职业岗位和职业核心能力对应表　　　　　　表1

序号	职业岗位	岗位核心能力	岗位综合能力
1	房地产市场调研员	市场调研能力	(1) 宏微观市场调查 (2) 市场数据搜集与分析
2	房地产投资分析员	投资分析能力	(1) 项目投资可行性分析 (2) 投资项目选择
3	行政助理	案场综合掌控能力	(1) 文档处理 (2) 公关协调
4	招商员	房地产项目经营能力	(1) 房地产经营 (2) 房地产管理
5	置业顾问	市场营销能力	(1) 沟通交际和公关 (2) 营销方法与技巧
6	前期专员	房地产前期报建能力	(1) 房地产前期报建流程 (2) 人际沟通交流
7	营销策划员	营销策划和协调能力	(1) 编制营销策划书 (2) 案场沟通协调
8	房地产估价员	房地产估价实操能力	(1) 估价方法选择 (2) 估价方法运用

房地产经营与管理专业知识体系一览表　　　　　　表2

知识领域	知识单元	知识点
1. 房地产法规	核心知识单元	(1) 房地产基本制度 1) 国有土地上房屋征收与补偿法律制度 2) 房地产开发管理制度 3) 房地产交易管理制度 4) 房地产登记制度 5) 房地产税收制度 6) 物业管理法律法规 7) 住房公积金制度 (2) 房地产政策 1) 建设用地管理 2) 房地产中介服务管理 3) 房地产纠纷处理

续表

知识领域	知识单元		知识点
2. 开发经营	核心知识单元	（1）房地产开发经营与管理	1）房地产市场分析及其运行 2）房地产投资及融资分析 3）房地产前期管理 4）房地产经济评价与分析 5）房地产开发项目可行性研究 6）房地产资产管理
		（2）房地产经济	1）房地产及房地产业 2）地租与区位理论 3）房地产制度 4）房地产价格及房地产市场 5）房地产投资与金融 6）房地产经济宏观调控
		（3）房地产投资分析	1）制度与法规 2）投资环境与市场分析 3）投资评价
	选修知识单元	（1）商业地产招商	1）商业地产招商 2）商业地产运营
3. 营销策划	核心知识单元	（1）房地产营销策划	1）房地产项目环境分析 2）房地产项目STP策划 3）房地产项目营销组合策划 4）房地产项目营销计划组织执行与销售管理策划 5）房地产项目营销策划书撰写
		（2）销售实务	1）房地产销售准备 2）房地产销售技巧 3）房地产户型要素 4）住宅销售 5）商业地产销售与招商 6）房地产销售人员管理
		（3）房地产网络营销	1）房地产网络营销概述 2）房地产网络营销市场调查与消费者分析 3）房地产企业网站的建设与推广 4）房地产网络营销方式
	选修知识单元	（1）建筑文化	1）建筑艺术发展史 2）建筑艺术与人类文化发展史 3）建筑艺术赏析

续表

知识领域	知识单元		知识点
4. 经纪	核心知识单元	(1) 房地产经纪基础	1) 房地产经纪行业 2) 房地产经纪管理 3) 房屋租赁 4) 房屋买卖 5) 个人住房贷款 6) 不动产登记
	选修知识单元		
5. 估价	核心知识单元	(1) 房地产估价	1) 房地产估价要素 2) 估价师应具备的职业道德 3) 影响房地产价格和价值的因素 4) 房地产估价原则 5) 市场法、成本法、收益法 6) 地价评估与分摊
	选修知识单元		
6. 管理	核心知识单元	(1) 合同管理	1) 房地产合同法概述 2) 房地产合同的订立、效力、履行、担保、变更、转让和终止等 3) 新建商品房交易合同与管理 4) 存量房屋交易合同与管理 5) 房地产经纪合同、估价合同、物业服务合同与管理 6) 房地产合同管理
	选修知识单元	(1) 运营管理	1) 房地产企业目标管理 2) 房地产企业进度管理 3) 房地产企业风险管理
		(2) 房地产项目管理	1) 可行性研究 2) 项目招、投标 3) 项目成本、进度、质量管理

房地产经营与管理专业技能体系一览表　　　　表 3

技能领域	技能单元		技能点
1. 开发经营	核心技能单元	（1）房地产开发经营与管理	1）房地产市场分析 2）前期管理 3）投资分析指标计算 4）编制可行性报告
		（2）房地产经济	1）供给因素分析 2）需求因素分析 3）房地产价格分析 4）房地产市场分析
		（3）房地产投资	1）房地产市场调研 2）房地产基本财务报表编制 3）投资分析报告编写
	选修技能单元	（1）商业地产招商	1）商业地产招商
2. 营销	核心技能单元	（1）市场调查	1）数据采集 2）资料分析
		（2）营销实务	1）营销策划书编写 2）PPT 展示
		（3）销售实务	1）楼盘销讲 2）新房销售操作
		（4）网络营销	1）网络营销 2）推广方式 3）推广策略 4）网站维护 5）用户体验
	选修技能单元		
3. 经纪	核心技能单元	（1）居间	1）居间合同签订 2）二手房买卖 3）房屋租赁
		（2）代理	1）代理合同签订 2）代理操作
	选修技能单元		
4. 估价	核心技能单元	（1）估价	1）房地产现场查勘 2）估价方法运用
	选修技能单元		

9

续表

技能领域	技能单元		技能点
5. 管理	核心技能单元	(1) 合同管理	1) 新建商品房交易合同与管理 2) 房地产估价合同与管理
	选修技能单元	(1) 运营管理	1) 房地产企业目标管理 2) 房地产企业风险分析
		(2) 房地产项目管理	1) 可行性研究分析 2) 项目招、投标

8.2.2 核心知识单元、技能单元教学要求

房地产基本制度知识单元教学要求   表4

单元名称	房地产基本制度	最低学时	30学时
教学目标	1. 了解房地产法律法规、住房公积金制度 2. 熟悉建设用地制度与政策、国有土地上房屋征收与补偿法律制度、房地产开发管理制度 3. 掌握房地产交易管理制度、房地产登记制度、房地产税收制度		
教学内容	知识点1. 建设用地制度与政策 知识点2. 房地产开发管理制度 知识点3. 房地产交易管理制度 知识点4. 房地产登记制度 知识点5. 房地产税收制度 知识点6. 物业管理法律法规 知识点7. 住房公积金制度		
教学方法建议	1. 讲授法 2. 小组讨论法 3. 案例教学法		
考核评价要求	1. 学生自我评价 2. 完成给定的案例并根据完成效果予以评价 3. 课堂提问		

房地产政策知识单元教学要求   表5

单元名称	房地产政策	最低学时	22学时
教学目标	1. 了解房地产中介服务管理 2. 熟悉房地产纠纷处理 3. 掌握建设用地管理		
教学内容	知识点1. 建设用地管理 知识点2. 房地产纠纷处理 知识点3. 房地产中介服务管理		

续表

单元名称	房地产政策	最低学时	22 学时
教学方法建议	1. 讲授法 2. 小组讨论法 3. 案例教学法		
考核评价要求	1. 学生自我评价 2. 完成给定的案例并根据完成效果予以评价 3. 课堂提问		

房地产经济基础知识单元教学要求　　　　　　　　　　　　　　表 6

单元名称	房地产经济基础	最低学时	34 学时
教学目标	1. 了解资源配置与利用、市场供求关系等经济原理，了解房地产业在国民经济中的地位和作用 2. 熟悉宏观调控的目的、手段和工具 3. 掌握房地产产业的运行机制和房地产经济发展规律		
教学内容	知识点 1. 房地产及房地产业 知识点 2. 地租与区位理论 知识点 3. 房地产制度 知识点 4. 房地产价格及房地产市场 知识点 5. 房地产投资与金融 知识点 6. 房地产经济宏观调控		
教学方法建议	1. 讲授法 2. 小组讨论法 3. 多媒体演示法		
考核评价要求	1. 学生自我评价 2. 参与课堂讨论与实际案例分析 3. 课堂提问		

房地产投资分析知识单元教学要求　　　　　　　　　　　　　　表 7

单元名称	房地产投资分析	最低学时	40 学时
教学目标	1. 了解房地产投资相关的制度、政策和法规 2. 熟悉房地产投资环境分析的方法 3. 掌握房地产投资评价内容和指标体系		
教学内容	知识点 1. 制度与法规 知识点 2. 投资环境与市场分析 知识点 3. 投资评价		
教学方法建议	1. 讲授法 2. 案例分析 3. 多媒体演示法		

续表

单元名称	房地产投资分析	最低学时	40 学时
考核评价要求	1. 课堂提问 2. 参与课堂讨论与实际案例分析 3. 作业完成质量		

房地产开发经营与管理知识单元教学要求 表 8

单元名称	房地产开发经营与管理	最低学时	52 学时
教学目标	1. 了解房地产投资及其风险；房地产开发程序与管理；房地产开发项目可行性研究；房地产金融与项目融资 2. 掌握房地产市场及其运行规律；房地产市场调查与分析 3. 掌握现金流量与资金时间价值；经济评价指标与方法；风险分析与决策		
教学内容	知识点 1. 房地产投资及融资 知识点 2. 房地产市场分析及其运行 知识点 3. 房地产经济评价指标及方法 知识点 4. 房地产风险分析及决策 知识点 5. 房地产开发项目可行性研究 知识点 6. 房地产资产管理		
教学方法建议	1. 讲授法 2. 任务驱动法 3. 案例分析法		
考核评价要求	1. 参与课堂讨论与实际案例分析 2. 项目报告编写质量 3. 作业完成情况		

房地产营销策划知识单元教学要求 表 9

单元名称	房地产营销策划	最低学时	40 学时
教学目标	1. 了解房地产项目营销计划组织执行与销售管理策划 2. 熟悉房地产项目环境分析、房地产项目营销策划书撰写 3. 掌握房地产项目 STP 策划、房地产项目营销组合策划		
教学内容	知识点 1. 房地产项目环境分析 知识点 2. 房地产项目 STP 策划 知识点 3. 房地产项目营销组合策划 知识点 4. 房地产项目营销计划组织执行与销售管理策划 知识点 5. 房地产项目营销策划书撰写		
教学方法建议	1. 讲授法 2. 小组讨论法 3. 多媒体演示法		

续表

单元名称	房地产营销策划	最低学时	40 学时
考核评价要求	1. 学生自我评价 2. 参与课堂讨论与实际案例分析 3. 课堂提问		

房地产销售实务知识单元教学要求　　　　表 10

单元名称	房地产销售实务	最低学时	28 学时
教学目标	1. 了解房地产销售准备 2. 熟悉住宅与商业地产销售及销售人员管理 3. 掌握房地产销售技巧		
教学内容	知识点 1. 房地产销售准备 知识点 2. 房地产销售技巧 知识点 3. 房地产户型要素 知识点 4. 住宅销售 知识点 5. 商业地产销售与招商 知识点 6. 房地产销售人员管理		
教学方法建议	1. 情境再现法 2. 多媒体演示法		
考核评价要求	1. 课堂讨论表现 2. 模拟销售现场反应与应变能力 3. 团队合作		

房地产经纪基础知识单元教学要求　　　　表 11

单元名称	房地产经纪基础	最低学时	40 学时
教学目标	1. 了解房地产经纪的发展、房地产经纪机构及经纪人员 2. 熟悉房地产交易价格及相关税费、房地产经纪合同及相关法律文件、房地产经纪风险管理 3. 掌握房地产居间、代理、行纪及其他相关业务		
教学内容	知识点 1. 房地产经纪机构与经纪人员 知识点 2. 房地产市交易税费和房地产经纪合同 知识点 3. 房地产代理和居间业务 知识点 4. 经纪信息管理 知识点 5. 房地产经纪风险管理		
教学方法建议	1. 情境再现法 2. 多媒体演示法 3. 实操训练		
考核评价要求	1. 课堂讨论表现 2. 模拟销售现场反应与应变能力 3. 房地产经纪实际操作能力		

房地产合同管理知识单元教学要求 表 12

单元名称	房地产合同管理	最低学时	34 学时
教学目标	1. 了解房地产合同法律基础 2. 熟悉房地产合同风险及管理 3. 掌握各种房地产合同与管理		
教学内容	知识点 1. 房地产合同法概述 知识点 2. 房地产合同的订立、效力、履行、担保、变更、转让和终止等 知识点 3. 新建商品房交易合同与管理 知识点 4. 存量房屋交易合同与管理 知识点 5. 房地产经纪合同、估价合同、物业服务合同与管理 知识点 6. 房地产合同管理		
教学方法建议	1. 边学边练 2. 案例分析法		
考核评价要求	1. 课堂讨论表现 2. 任务完成质量 3. 应用能力		

房地产估价知识单元教学要求 表 13

单元名称	房地产估价	最低学时	44 学时
教学目标	1. 了解估价行业的发展 2. 熟悉估价要素、估价原则 3. 掌握常用的估价方法		
教学内容	知识点 1. 房地产估价要素 知识点 2. 估价师应具备的职业道德 知识点 3. 影响房地产价格和价值的因素 知识点 4. 房地产估价原则 知识点 5. 市场法、成本法、收益法 知识点 6. 地价评估与分摊		
教学方法建议	1. 边学边练 2. 案例分析法		
考核评价要求	1. 课堂讨论表现 2. 任务完成质量 3. 估价技术的应用能力		

房地产网络营销知识单元教学要求 表 14

单元名称	房地产网络营销	最低学时	20 学时
教学目标	1. 了解房地产网络营销的概念与发展 2. 熟悉房地产网站的建设与推广 3. 掌握房地产网络营销方式		

续表

单元名称	房地产网络营销	最低学时	20学时
教学内容	知识点1. 房地产网络营销概述 知识点2. 房地产网络营销市场调查与消费者分析 知识点3. 房地产企业网站的建设与推广 知识点4. 房地产网络营销方式		
教学方法建议	1. 边学边练 2. 案例分析法		
考核评价要求	1. 课堂讨论表现 2. 任务完成质量 3. 网站建设 4. 用户体验效果		

房地产经济基础技能单元教学要求　　　　表15

单元名称	房地产经济基础	最低学时	14学时
教学目标	专业能力： 1. 房地产价格分析能力 2. 房地产经济波动的分析能力 方法能力： 1. 能够运用供求理论和房地产价格影响因素分析房地产价格 2. 运用经济波动指标和房地产泡沫指标分析房地产经济波动情况 社会能力： 1. 房地产市场认识和分析能力 2. 对房地产相关政策影响分析能力		
教学内容	技能点1. 收集数据 技能点2. 供给因素分析 技能点3. 需求因素分析 技能点4. 房地产价格分析 技能点5. 房地产市场分析		
教学方法建议	以现实的房地产市场为基础，分析学生工作岗位所需技能展开教学，让学生学以致用		
教学场所要求	校内和校外实训基地相结合		
考核评价要求	通过学生完成的成果和对问题的回答综合评判学生掌握情况		

房地产投资分析技能单元教学要求　　　　　　　　　　　表 16

单元名称	房地产投资分析	最低学时	24 学时
教学目标	专业能力： 1. 掌握房地产经济、房地产统计、房地产会计知识 2. 房地产投资活动的分析评价 方法能力： 1. 市场调查和分析 2. 数据搜集和整理 3. 经济评价和投资分析 社会能力： 1. 公关协调和团队协作 2. 理论联系实际		
教学内容	技能点 1. 房地产市场调研 运用所学调研方法采集市场数据 技能点 2. 房地产政策分析 分析房地产项目投资面临的政策 技能点 3. 投资环境与投资评价 综合市场调研、分析结果进行投资环境与投资分析		
教学方法建议	1. 案例教学法 2. 角色扮演法 3. 现场教学法		
教学场所要求	主体在校内实训基地、校内实训室完成，市场调查部分可以在市场调查现场（校外）完成		
考核评价要求	1. 建议根据任务完成情况、成果质量、面试等环节确定总评成绩 2. 对给定项目的投资分析报告质量进行评价		

房地产开发经营与管理技能单元教学要求　　　　　　　表 17

单元名称	房地产开发经营与管理	最低学时	20 学时
教学目标	专业能力： 1. 房地产市场分析能力 2. 房地产投资经济评价能力 3. 房地产开发项目可行性研究能力 方法能力： 1. 运用经济评价指标进行房地产投资分析 2. 房地产投资风险分析 社会能力： 1. 房地产市场分析能力 2. 可行性研究分析能力 3. 编写房地产开发项目可行性研究报告能力		

续表

单元名称	房地产开发经营与管理	最低学时	20 学时
教学内容	技能点 1. 房地产市场分析技能 技能点 2. 投资分析指标计算 技能点 3. 方案评价技能		
教学方法建议	以投资案例为基础展开教学，鼓励学生课余时间到房地产开发企业实习，以了解房地产开发企业的经营管理内容		
教学场所要求	校内和校外实训基地相结合完成		
考核评价要求	根据学生市场分析能力、投资计算能力、方案选择能力评价学生技能掌握程度		

营销策划技能单元教学要求   表18

单元名称	营销策划	最低学时	24 学时
教学目标	专业能力： 1. 产业结构和营销环境分析能力 2. 房地产营销技巧运用能力 方法能力： 1. 能通过正确的市场细分明确房地产产品定位 2. 能针对房地产项目制定合理的营销计划 社会能力： 1. 营销计划的组织和执行能力 2. 营销手段实施与控制能力		
教学内容	技能点 1. 数据采集 技能点 2. 资料分析 技能点 3. 营销策划书编写 技能点 4. PPT 展示		
教学方法建议	1. 案例教学法 2. 角色扮演法 3. 现场教学法		
教学场所要求	主体在校内实训基地、校内实训室完成，市场调查部分可以在市场调查现场（校外）完成		
考核评价要求	1. 建议根据任务完成情况、成果质量、面试等环节确定总评成绩 2. 对给定项目的营销策划方案质量进行评价		

房地产销售实务技能单元教学要求 表 19

单元名称	房地产销售实务	最低学时	20 学时
教学目标	专业能力： 1. 房地产销售流程控制能力 2. 房地产销售技巧运用能力 方法能力： 1. 能通过分析正确判断客户类型及采取相应对策 2. 能针对不同的房地产项目制定合理的销售计划 社会能力： 1. 销售计划的组织和执行能力 2. 团队合作与沟通能力		
教学内容	技能点 1. 房地产销售技巧 技能点 2. 房地产户型分析与讲解 技能点 3. 住宅销售 知识点 4. 商业地产销售与招商		
教学方法建议	通过情景模拟再现销售活动真实场景，让学生学会在实践中检验和践行房地产销售理论与技巧		
教学场所要求	宜在校内实训室和校外项目现场完成		
考核评价要求	根据课堂讨论表现、销售现场反应与应变能力以及团队合作情况综合评定学生成绩		

房地产经纪技能单元教学要求 表 20

单元名称	房地产经纪	最低学时	24 学时
教学目标	专业能力： 1. 居间能力 2. 代理能力 方法能力： 1. 熟悉经纪业务流程 2. 有效控制经纪风险 社会能力： 1. 沟通协调能力 2. 客户资源整合能力		
教学内容	技能点 1. 居间合同签订 技能点 2. 二手房买卖流程 技能点 3. 房屋租赁 技能点 4. 代理合同签订 技能点 5. 代理业务流程		
教学方法建议	理论和实践相结合，着重训练学生熟悉居间、代理流程，确保实训时能直接上岗		
教学场所要求	宜在校内实训室和多媒体教室进行		
考核评价要求	理论部分成绩以卷面为主，课堂表现为辅，实操部分根据课程实训环节中学生对于代理和居间流程掌握的熟练程度评定成绩		

房地产估价技能单元教学要求　　　　　　　　　　　　　　　　　　　　　　　　表 21

单元名称	房地产估价	最低学时	20 学时
教学目标	专业能力： 1. 具备房地产经济理论知识 2. 具备较丰富的规划、建筑、造价等房地产专业技术知识 方法能力： 1. 具备一定的文字表达能力 2. 熟悉各种估价方法 社会能力： 1. 具备一定的估价相关政策法律知识 2. 培养良好的职业道德		
教学内容	技能点 1. 房地产估价原则、方法的运用 独立客观公正原则、合法原则、最高最佳利用原则、估价时点原则、替代原则、谨慎原则的运用；市场法、成本法、收益法等估价方法的运用		
教学方法建议	理论教学与实习实训相结合，以具体估价案例作为讲解估价方法的切入点		
教学场所要求	校内教学基础上，有条件的院校可在估价公司进行相关环节实训		
考核评价要求	以能否正确运用估价原则、方法进行简单的房地产项目估价为考核原则，笔试和实际运用能力评价相结合		

房地产网络营销技能单元教学要求　　　　　　　　　　　　　　　　　　　　　　表 22

单元名称	房地产网络营销	最低学时	12 学时
教学目标	专业能力： 1. 网络营销能力 2. 房地产营销能力 方法能力： 1. 能通过各种网络推广方式介绍房地产产品 2. 能针对房地产项目制定正确的网络推广策略 社会能力： 1. 网站的维护 2. 用户的体验		
教学内容	技能点 1. 网络营销 技能点 2. 推广方式 技能点 3. 推广策略 技能点 4. 网站维护 技能点 5. 用户体验		
教学方法建议	以营销实战案例为基础，展开教学，鼓励学生课余时间到房地产电商企业实习，以便针对市场调查和网络营销实践中常见问题，探索解决途径		
教学场所要求	校内和校外实训基地相结合完成		
考核评价要求	根据学生应变能力、营销策划能力、网络营销实践能力评价学生技能掌握程度		

合同管理技能单元教学要求 表23

单元名称	合同管理	最低学时	14学时
教学目标	专业能力： 1. 具备合同管理法律基础 2. 具备较规范地填写、编制房地产各类合同的专业技术知识 方法能力： 1. 具备一定的文字表达能力 2. 熟悉各类房地产合同 社会能力： 1. 具备一定的合同管理的相关政策法律知识 2. 培养良好的职业道德		
教学内容	技能点1. 新建商品房交易合同与管理 正确填写商品房买卖合同（预售） 技能点2. 房地产估价合同与管理 会编制房地产估价合同		
教学方法建议	理论和实践相结合，边学边练，精心挑选案例，将合同管理的内容与方法应用到实际的案例中		
教学场所要求	多媒体教室结合机房授课		
考核评价要求	课程的考核以形成性考核为主，注重对完成该课程学习过程的考核，学习总成绩由平时表现成绩、实训成果、课外作业和期末能力考查组成		

8.2.3 课程体系构建的原则要求

倡导各学校根据自身条件和特色构建校本化的课程体系，因此，只提出课程体系构建的原则要求。

课程教学包括基础理论教学和实践技能教学。课程可以按知识/技能领域进行设置，也可以由若干个知识/技能领域构成一门课程，还可以从各知识/技能领域中抽取相关的知识单元组成课程，但最后形成的课程体系应覆盖知识/技能体系的知识单元尤其是核心知识/技能单元。

专业课程体系由核心课程等专业必修课程和专业选修课程组成，核心课程应该覆盖知识/技能体系中的全部核心单元。同时，各院校可选择一些选修知识/技能单元和反映学校特色的知识/技能单元构建选修课程。

倡导工学结合、理实一体的课程模式，但实践教学也应形成由基础训练、专项和综合训练、顶岗实习构成的完整体系。

9 专业办学基本条件和教学建议

9.1 专业教学团队

9.1.1 专业带头人

专业带头人数量为1~2人，校内专业带头人应具有副教授及以上技术职称，具备一定的行业实践背景。企业专业带头人应长期在房地产经营与管理领域从事相关工作，在项目的实施、管理方面有丰富的专业实践能力和实践经验，在行业内有一定的知名度。学校专业带头人应具备丰富的教学经验和教学管理经验，对职业教育有深入的研究，能够在专业建设及人才培养模式深化改革方面起到领军的作用。专业带头人的主要工作是：组织行业与企业调研、进行人才需求分析、确定人才培养目标的定位、组织课程开发与建设工作、主持课程体系构建工作、主持相关教学文件的编写、组建教学团队等专业建设。

9.1.2 师资数量

专业师生比不大于 1∶18，专任专业教师不少于 5 人。

9.1.3 师资水平和结构

专业师资人数应和学生规模相适应，可采取专职教师与兼职教师相结合的办法配置，专业课教师可由本校教师或企业专业技术人员承担。

专职、兼职教师都应具有本科及以上学历，并有一定比例的研究生及以上学历。师资队伍结构合理，专职教师中、高级职称的比例为 50%；兼职教师原则上要求中级及以上职称。专职教师中，双师素质教师的比例不少于 50%。

校外兼职教师要聘请既有理论又懂操作的房地产相关企业的经营管理和技术人员担任。校外兼职教师应具备五年及以上房地产经营与管理行业工作经验，具有中级及以上技术职称（或相应的岗位技能等级）。为使专业教学更贴近行业或产业领域的最新发展、贴近企业技能应用需求，应逐步提高企业兼职教师承担的专业课程教学学时比例，基本目标是校外兼职教师任课学时数占专业课总学时数比例为 50%左右。

9.1.4 校企合作

成立房地产经营与管理专业校企合作专家指导小组。

本专业应设立校企合作专家指导小组，聘请行业有关专家、学者及企业中有实践经验的经营管理人员，定期对专业定位、课程设置、教学内容、实习实训内容等进行专题论证与审定，并请有关房地产专家不定期进行房地产新知识讲座，保证学生学习知识的前沿性与实用性。

9.2 教学设施

9.2.1 校内实训条件

房地产经营与管理专业校内实训条件要求　　表 24

序号	实践教学项目	主要设备、设施名称及数量	实训室（场地）面积（m²）	备注
1	房地产开发经营	1. 标准多媒体实训室 1 间 2. 投影仪 1 套 3. 电脑 20 台	50	

续表

序号	实践教学项目	主要设备、设施名称及数量	实训室（场地）面积（m²）	备注
2	房地产经纪	1. 各型楼盘沙盘 3 个 2. 房产交易合同范本 3. 电脑 20 台	100	
3	房地产估价	1. 房屋建筑测量仪器 2 套 2. 数码相机 4 部 3. 数据库软件一套 4. 电脑 20 台	50	
4	房地产网络营销	1. 45 机位多媒体机房 1 间 2. 投影仪 1 套 3. 上网服务器 1 台	100	
5	房地产营销策划	1. 40 机位多媒体机房 1 间 2. 投影仪 1 套 3. 上网服务器 1 台	不小于 100	

表中实训设备及场地按一个教学班（45 人左右）同时训练计算，实训场所可兼用。

9.2.2 校外实训基地的基本要求

房地产经营与管理专业校外实训条件要求　　　　表 25

序号	实践教学项目	对校外实训基地的要求	备注
1	房地产营销策划	满足专业实践教学和技能训练要求	
2	房地产经纪	签订实习协议，满足学生顶岗实训半年以上的实训基地	
3	房地产估价	签订实习协议，满足学生顶岗实训半年以上的实训基地	
4	房地产网络营销	签订实习协议，满足学生顶岗实训半年以上的实训基地	

9.2.3 信息网络教学条件

信息网络教学条件包括网络教学软件条件和网络教学硬件条件。网络教学软件条件指各种工程相关软件，网络教学硬件条件指校园网络建设、覆盖面和网络教学设备等满足教学需要。

建成 20M 主干和 1M 到桌面的校园网（建议按数字化校园标准建设），校园网以宽带接入方式连接互联网进入所有办公室和教室；理论课教室、实验室均应配置多媒体设备；教学用计算机每 10 名学生拥有 1 台以上。

9.3 教材及图书、数字化、（网络）资料等学习资源

教材、图书及数字化资料配备不低于教育部规定的办学要求。

有相关的图书馆、阅览室。图书资料包括：法规、政策和规范、规程，专业书籍与刊物及有关教学文件，并不断充实更新。

9.3.1 教材

教学采用的教材原则上使用高职高专类教材，优先选用省部级高职高专规划教材和国家精品课程教材，鼓励教师采用与行业实际和行业标准规范贴近的教材，鼓励教师使用数字化教材以丰富课内外教学资源。

配备行业法规、政策和规范文件。储备现行的正在实施的房地产开发经营与管理方面的法律、法规，房地产有关国家标准及行业标准，以及相关的技术规范、国家和当地政府部门发布的房地产有关政策文件资料。

9.3.2 图书及数字化资料

图书馆专业书籍藏书量要与学生规模相当，学生人均图书不少于60本，其中专业书籍总数不少于300本，专业书籍种类不少于15种，房地产期刊不少于10种。

数字化资源的使用原则是以优质数字化资源建设为载体，以课程为主要表现形式，以素材资源为补充，利用网络学习平台建设共享性教学资源库。资源库建设内容应涵盖学历教育与职业培训。专业教学软件包应包括：试题库、案例库、课件库、专业教学素材库、教学录像库等。通过专业教学网站登载，从而构建共享型专业学习软件包，为网络学习、函授学习、终身学习、学生自主学习提供条件，实现校内、校外资源共享。

按学生数量配备电化教学教室，教学用的电脑能满足教学需要。有多媒体教学资料，有一定数量专业教学软件、三维影视教学资料，并不断更新。逐步配备房地产开发和服务方面的相关软件，以满足教学需要。鼓励教师充分运用数字化教学手段帮助学生紧密追踪行业发展轨迹，并逐渐掌握行业常用软件使用方法。

9.4 教学方法、手段与教学组织形式建议

建立信息化教学为主线的一体化教学条件体系，教学方法与手段要围绕基层岗位技能与素质要求进行，逐步形成模拟实践教学为主线的教学方法体系。倡导理、实一体化教学方法，整合专业理论课与专业实践课的教学环节。采用互动式教学方法与手段，设计应以学生为导向，针对高职院校生源多样性、学生水平参差不齐的实际情况，避免传统填鸭式教学，做到边教、边学、边做。要根据学生特点，激发学生学习兴趣，做到因材施教，寓教于乐。不断深化教学改革，围绕技术技能型人才的培养目标，积极探索实行"任务驱动"、"项目导向"等多种形式的"做中学、做中教"教学模式。旨在加强学生实践操作能力的实验、学习、实训课时数要占教学课时数的50%。

9.5 教学评价、考核建议

技能单元考核内容和评价标准应体现房地产企业对相关职业岗位的技能和素质要求，要形成技能考核为主线的开放式全程化考核体系，考核内容紧密贴近岗位实际需求，倡导开放性和多元性答案。

建立全程化考核的教学评价体系，考核突出能力标准，体现对学生综合素质的考察，积极组织吸纳更多房地产企业和社会有关方面参与对学生潜在职业能力的考核评价。

摒弃一张考卷定成绩的传统考核方式，多渠道多途径多层次考评学生。具体可依据课程性质及实际情况从以下5个层面考核评价学生：（1）平时成绩（包括①作业②出勤③课堂表现）（2）考试成绩；（3）实习、实训成绩；（4）技能证书获取或政府和行业鉴定成绩；（5）企业、社会对学生的评价。

9.6 教学管理

加强各项教学管理规章制度建设，形成教学管理文件规范体系。

建立本专业方向基本教学要求实施各环节的专业教学质量保证体系，专业教学质量保证体系包括教学实施规范与质量监控措施两大部分，以保障专业人才培养方案实施质量与教学效果。

教学实施可由三层机构负责：第一层是专业教学指导委员会指导下的教学管理层，负责教学管理制度、教学实施流程、质量监控措施的制定及重大问题的决策和协调；第二层是由教学管理办公室和专业教研室组成，在主管教学主任的领导下，组织专业人才培养方案的实施、教学任务的落实及教学运行全过程的质量监控；第三层机构是教学团队，是专业人才培养的基层实施主体。

教学质量监控的主体可由学校教学督导部门和系教学主管人员直接领导的教学督导室、学生信息站、教学信息员组成。

针对高职院校生源不同的特点，实行人才定制和弹性培养模式，在教学管理中推广学习环节模块弹性制和课程考核学分制。

9.6.1 部分课程实行分层次教学

应根据学生生源的不同及文化基础差异，在教学中对于部分课程实行分层教学，即根据实际情况设计不同层次的教学目标和教学要求，采用不同形式教学方法，以达到因材施教的目的。在部分公共基础课、专业基础课和专业课中采取分层、分班教学法。如计算机应用基础课可根据学生进校后测试情况，采用不同的教学学时和培养方案。英语根据考试成绩和入学测试，分层次教学。

9.6.2 教学考核采用不同的要求

根据学生生源不同，学生能力不同，特别是有少数民族班，基础与内地教学要求明显不同的院校，应在实际教学中，对于少数民族学生采取不同的考核要求。

9.6.3 采用弹性学制

由于高职院校学生生源多样，不同类型和层次的学生很难在相同的时间内完成规定的学业，弹性学制可以使部分学生在宽松的时间里完成学业。

10　继续学习深造建议

房地产市场受宏观经济环境变化的影响较大，要突出学生自我学习和自我提高能力的培养，旨在提高其就业适应性。学生毕业后继续学习的途径包括：

（1）通过专升本进入房地产或其他经济管理类本科专业学习；

（2）从事本专业工作一定年限后参加全国房地产类相关考核，获取相应技能和从业资格证书；

（3）获取房地产相关行业其他职业资格证书。

附录 1

房地产经营与管理专业教学基本要求实施示例

1 构建课程体系的架构与说明

本专业的课程设置紧密适应房地产行业岗位技能要求，广泛采用"工作过程导向"的课程开发模式，按照专业培养目标的要求，根据行业特点和岗位职业资格标准确定学生应具备的知识、能力和技能，以知识、能力、素质培养为主线，按照房地产经营与管理专业领域相关工作过程和职业人才成长规律构建课程体系。

本专业课程体系按照本教学基本要求中的5.2初始就业岗位群和5.3发展或晋升岗位群所必须具备的能力来设置相应的课程知识体系，本专业课程知识体系涵盖：管理学基础、房地产会计、建筑工程基础、城市规划与建筑CAD、公共关系与礼仪、房地产经济基础、★房地产基本制度与政策、★房地产投资分析、★房地产开发经营与管理、房地产统计、★房地产营销策划、房地产估价、房地产网络营销、房地产经纪实务等课程。

按照初始就业岗位群的主要就业岗位和发展或晋升岗位群的主要发展岗位所要求具备的能力来确定核心课程，房地产经营与管理专业主要初始就业岗位是房地产置业顾问、房地产市场调研人员、营销策划员、房地产估价员、招商员、房地产投资分析员等，其主要发展岗位为销售经理、商业地产招商经理、房地产策划主管、房地产经纪人、房地产估价师、房地产投资咨询师等，本专业知识的核心课程有：房地产基本制度与政策、房地产开发经营与管理、房地产营销策划、房地产投资分析，核心课程以外的为专业基础课程、一般专业课程、选修课程，各院校可根据各地实际情况和学校特色选择与核心课程适配的前导和后续发展的专业课程。

房地产经营与管理专业职业岗位、职业核心能力与课程对应表　　　附表1

序号	就业岗位	专业技能	对应课程
1	房地产市场调研员	市场调研与数据分析能力	(1) 房地产经济基础 (2) 房地产统计
2	房地产投资分析员	投资分析能力	(1) ★房地产基本制度与政策 (2) ★房地产开发经营与管理 (3) ★房地产投资分析 (4) 房地产会计
3	行政助理	案场综合掌控能力	(1) 公共关系与礼仪 (2) ★房地产营销策划
4	招商员	房地产项目经营能力	(1) ★房地产开发经营与管理 (2) 房地产项目管理

续表

序号	就业岗位	专业技能	对应课程
5	置业顾问	房地产市场营销能力	(1) ★房地产营销策划 (2) 房地产销售实务 (3) 管理学基础 (4) 城市规划与建筑CAD (5) 消费心理学 (6) 房地产销售实务
6	前期专员	房地产前期报建能力	(1) ★房地产开发经营与管理 (2) 合同管理 (3) 房地产项目管理
7	营销策划员	营销策划能力	(1) ★房地产基本制度与政策 (2) 建筑工程基础 (3) ★房地产营销策划 (4) 公共关系与礼仪 (5) 房地产网络营销
8	房地产估价员	房地产估价能力	(1) 房地产估价 (2) 城市规划与建筑CAD

注：标注★的课程为专业核心课程。

2 专业核心课程简介

房地产基本制度与政策课程简介　　　　　　　附表2

课程名称	房地产基本制度与政策	学时	理论52学时 实践20学时
教学目标	专业能力：知识掌握能力 1. 了解房地产、房地产业 2. 熟悉房地产法律体系 3. 掌握房地产业发展主导政策与制度 方法能力：素质能力 1. 能根据房地产制度和相关政策法规分析房地产发展的外部环境 2. 能利用相关法规进行实际案例分析 社会能力：实践能力 1. 政策解读 2. 处理一般房地产法律纠纷		
教学内容	单元1. 房地产法律法规概述 1. 房地产和房地产业 2. 我国房地产法律制度发展历程 3. 房地产法律体系		

29

续表

课程名称	房地产基本制度与政策	学时	理论52学时 实践20学时
教学内容	单元2. 房地产权益 1. 房地产所有权 2. 土地所有权 3. 房屋所有权 单元3. 建设用地法律制度 1. 土地征收 2. 土地使用权取得 3. 闲置土地的处理 单元4. 国有土地上房屋征收与补偿法律制度 1. 国有土地上房屋征收与补偿 2. 国有土地上房屋征收的补偿 3. 国有土地上房屋征收的估价 4. 国有土地上房屋征收纠纷的处理 5. 国有土地上房屋征收的法律责任 单元5. 房地产开发建设法律制度 1. 房地产开发企业管理 2. 房地产开发规划管理 3. 房地产开发建设管理 单元6. 房地产交易管理法律制度 1. 房地产交易概述 2. 房地产转让管理 3. 商品房销售管理 4. 房屋租赁管理 5. 房地产抵押管理 单元7. 房地产权属登记法律制度 1. 房地产权属登记概述 2. 土地登记制度 3. 房屋权属登记制度 单元8. 房地产税收法律制度 1. 房地产税收制度概述 2. 几种具体的房地产税 3. 有关房地产税收的优惠政策 单元9. 房地产中介服务管理法律制度 1. 房地产中介服务概述 2. 房地产咨询 3. 房地产价格评估 4. 房地产经纪 单元10. 住房公积金法律制度		

续表

课程名称	房地产基本制度与政策	学时	理论52学时 实践20学时
教学内容	1. 住房公积金法律制度概述 2. 住房公积金管理制度的运作模式 3. 住房公积金贷款 单元11. 物业管理法律制度 1. 物业管理概述 2. 物业服务企业 3. 业主、业主大会和业主委员会 4. 物业服务合同 5. 建筑物区分所有权 6. 住宅专项维修资金 单元12. 房地产纠纷处理法律制度 1. 房地产纠纷概述 2. 房地产纠纷的协商和调解 3. 房地产纠纷的仲裁 4. 房地产纠纷的诉讼		
实训项目及内容	实训项目1. 房地产土地权属制度案例分析 针对当前国有土地征收、权属划分案例进行分析并给出合理解决方案 实训项目2. 房地产税收制度解读 查阅相关税收制度在各地的执行情况,分析税制改革对房地产业的影响 实训项目3. 房地产法律纠纷案例分析 针对当前房地产领域一些典型纠纷作出合理分析、给出解决方案		
教学方法建议	1. 讲授法 2. 小组讨论法 3. 多媒体演示法		
考核评价要求	1. 学生自我评价 2. 参与课堂讨论与实际案例分析 3. 课堂提问 4. 考核以体现岗位技能与素质为目的,根据学生应变能力、创新能力等进行评价		

房地产投资分析课程简介　　　　　　　　　　　　　　　　　　　　　附表3

课程名称	房地产投资分析	学时	理论40学时 实践24学时
教学目标	专业能力:知识掌握能力 1. 了解房地产投资分析基本概念与内容 2. 熟悉房地产投资环境与市场分析		

续表

课程名称	房地产投资分析	学时	理论 40 学时 实践 24 学时
教学目标	方法能力：素质能力 1. 能够熟练应用经济评价指标进行投资分析 2. 能够对典型的房地产投资项目进行经济评价 3. 能够较规范地完成房地产投资分析报告 社会能力：实践能力 1. 通过投资分析与预测，培养学生对实际项目的考察及理论联系实际能力 2. 划分学习小组，进行角色扮演，培养学生发现问题、解决问题的能力及协调沟通能力		
教学内容	单元 1. 房地产投资分析基本概念与内容 1. 房地产投资的概念与类型 2. 房地产投资分析与决策 3. 房地产投资决策分析的基本问题 单元 2. 房地产投资决策分析基本原理 1. 资金时间价值的概念 2. 资金等值计算 3. 房地产市场四象限模型 4. 资本资产定价模型 单元 3. 房地产投资环境与市场分析 1. 房地产投资环境分析要素 2. 房地产投资环境影响评价 3. 房地产市场调查 4. 房地产市场预测 单元 4. 房地产投资产品定位策划 1. 房地产投资策划 2. 房地产产品定位 3. 房地产产品定位分析 单元 5. 房地产投资区位条件分析 1. 区位于房地产价值 2. 房地产投资项目区位分析 3. 不同类型房地产区位分析 单元 6. 房地产投资基础数据估算分析 1. 房地产投资与成本估算 2. 房地产融资方案与资金成本分析 3. 房地产投资项目收入、税费估算 单元 7. 房地产投资财务分析 1. 房地产投资财务分析概述 2. 财务分析报表的编制 3. 静态分析指标计算 4. 动态分析指标计算		

续表

课程名称	房地产投资分析	学时	理论40学时 实践24学时
教学内容	单元8. 房地产投资不确定性与风险分析 1. 盈亏平衡分析 2. 敏感性分析 3. 概率分析 单元9. 房地产投资案例分析 1. 租售房地产开发项目案例分析 2. 房地产投资可行性研究 3. 房地产买卖投资分析 4. 房地产租赁投资分析 5. 房地产置业出租经营投资分析		
实训项目及内容	实训项目1. 房地产市场调研 选择调查对象、确定调查内容、制定调查方案、有效进行市场调查并得出调查结论 实训项目2. 房地产基本财务报表编制 收集、整理基础数据并编写相应报表、根据报表进行相关指标计算、得出结论性意见 实训项目3. 投资分析报告的编写 设计投资分析报告框架、熟练掌握报告的基本格式及内容编排、可以使用计算机相关软件进行报告编写、排版、打印输出等		
教学方法建议	1. 讲授法 2. 案例教学法 3. 多媒体演示法 4. 小组讨论法		
考核评价要求	1. 学生自我评价 2. 课后练习题完成情况 3. 课堂提问 4. 案例分析 5. 考核以体现岗位技能与素质为目的，根据学生应变能力、创新能力等进行评价		

房地产开发经营与管理课程简介　　　　　　　　　　　　　　　附表4

课程名称	房地产开发经营与管理	学时	理论52学时 实践20学时
教学目标	专业能力：知识掌握能力 1. 房地产市场分析能力 2. 项目前期报建能力 3. 房地产投资经济评价能力 4. 房地产开发项目可行性研究能力		

续表

课程名称	房地产开发经营与管理	学时	理论 52 学时 实践 20 学时
教学目标	方法能力：素质能力 1. 运用经济评价指标进行房地产投资分析 2. 房地产投资风险分析 社会能力：实践能力 1. 房地产市场分析能力 2. 项目前期报建能力 3. 可行性研究分析能力 4. 编写房地产开发项目可行性研究报告能力		
教学内容	单元1：房地产市场运行及其分析 1. 房地产市场及其运行规律 2. 房地产市场调查与分析 单元2：房地产投融资 1. 房地产投资及其分析 2. 房地产金融与项目融资 单元3：房地产项目评价 1. 资金时间价值分析 2. 经济评价指标计算与分析 3. 风险分析 4. 房地产开发项目可行性研究 单元4：房地产资产管理		
实训项目及内容	项目1. 房地产市场分析 掌握房地产市场特性、功能及运行规律，房地产市场及分析报告 项目2. 房地产经济评价 掌握房地产投资项目经济评价盈利能力及清偿能力指标计算，房地产投资项目的不确定分析方法 项目3. 房地产可行性研究 掌握房地产可行性研究报告的内容		
教学方法建议	1. 讲授法 2. 任务驱动法 3. 案例分析法		
考核评级要求	1. 参与课堂讨论与实际案例分析 2. 项目报告编写质量 3. 考核以体现岗位技能与素质为目的，根据学生应变能力、创新能力等进行评价		

房地产营销策划课程简介 附表 5

课程名称	房地产营销策划	学时	理论 40 学时 时间 24 学时
教学目标	专业能力：知识掌握能力 1. 房地产项目 STP 策划 2. 房地产项目营销组合策划 方法能力：素质能力 1　房地产项目产品定位能力 2. 房地产项目营销策划能力 社会能力：实践能力 1. 能够完成房地产项目市场调查与分析 2. 通过小组协作完成房地产项目营销策划方案		
教学内容	单元 1. 房地产项目前期策划 1. 项目选址 2. 土地使用权的获取 3. 房地产项目可行性研究 单元 2. 房地产项目市场环境分析 1. 房地产项目市场环境分析 2. 客户需求分析 3. 项目竞争楼盘分析 4. 房地产项目市场调查 单元 3. 房地产项目 STP 策划 1. 房地产项目市场细分 2. 房地产项目目标市场选择 3. 房地产项目市场定位 单元 4. 房地产项目营销组合策划 1. 房地产项目产品策划 2. 房地产项目价格策划 3. 房地产项目渠道策划 4. 房地产项目促销策划 单元 5. 房地产项目营销计划组织执行与销售管理策划 单元 6. 房地产项目营销策划书撰写		
实训项目及内容	项目 1. 市场调查 消费者消费行为模式和购买决策调查、住宅消费偏好因素调查 项目 2. 房地产市场营销策划 针对某楼盘拟定营销策略、编制营销策划书		
教学方法建议	1. 互动式教学 2. 多媒体演示法 3. 项目式教学法 4. 情景模拟教学法		

续表

课程名称	房地产营销策划	学时	理论 40 学时 时间 24 学时
考核评级要求	1. 课堂提问 2. 完成给定的案例 3. 课后练习完成情况 4. 根据学生策划方案完成情况评定		

3 教学进程安排及说明

3.1 专业教学进程安排（按校内 5 学期安排）

房地产经营与管理专业（3 年制）教学计划进程表　　　　附表 6

课程类别	序号	课程名称	学时			课程按学期安排					
			理论	实践	合计	一	二	三	四	五	六
		一、文化基础课									
必修课	1	军事理论	32	0	32	√					
	2	毛泽东思想和中国特色社会主义理论体系概论	64	0	64	√					
	3	经济数学	64	0	64	√	√				
	4	英语	128	0	128	√	√				
	5	大学生职业生涯规划	24	8	32	√					
	6	健康教育	24	0	24	√					
	7	思想道德修养与法律基础	48	0	48		√				
	8	体育	30	66	96	√	√	√			
	9	计算机应用基础	32	32	64		√				
	10	形势与政策	16	0	16			√			
	11	应用文写作	32	0	32			√			
	12	创新创业理论与实践	20	12	32			√			
		小计	514	118	632						
		二、专业课									
	13	管理学基础	34	14	48	√					
	14	房地产投资分析★	40	24	64						
	15	房地产经济基础	34	14	48	√					
	16	建筑工程基础	80	48	128	√	√				
	17	消费心理学	30	18	48		√				

36

续表

课程类别	序号	课程名称	学时			课程按学期安排					
			理论	实践	合计	一	二	三	四	五	六
必修课	18	房地产统计	34	14	48			✓			
	19	房地产基本制度与政策★	52	20	72			✓			
	20	房地产开发经营与管理★	52	20	72			✓			
	21	房地产营销策划★	40	24	64			✓			
	22	房地产销售实务	28	20	48			✓			
	23	房地产经纪基础	40	24	64				✓		
	24	房地产网络营销	20	12	32				✓		
	25	合同管理	34	14	48				✓		
	26	房地产估价	44	20	64				✓		
	27	公共关系与礼仪	30	18	48				✓		
	28	城市规划与建筑CAD	40	24	64				✓		
	29	房地产会计	30	18	48				✓		
	30	房地产经营与管理综合实训	0	200	200					✓	
		小计	662	546	1208						
		三、限选课									
选修课	31	建筑文化	20	12	32						
	32	房地产项目管理	20	12	32						
	33	商业地产招商	20	12	32						
	34	房地产运营管理	20	12	32						
		小计	80	48	128						
		四、任选课									
		小计									
毕业环节		五、毕业环节									
	35	顶岗实习	0	750	750					✓	✓
		小计	0	750	750						
合计			1256	1462	2718						

注：1. 标注★的课程为专业核心课程；

2. 必修课除核心课程外各校可根据教育部和当地教育行政部门相关要求结合本校实际情况进行适当地整合调整；

3. 选修课各校根据实际情况选择开设。

3.2 实践教学安排

房地产经营与管理专业实践教学安排　　　　　附表7

序号	项目名称	对应课程	教学内容	学时	按学期安排					
					一	二	三	四	五	六
1	房地产经营与管理综合实训（校内）	1.公共关系与礼仪 2.房地产经济学 3.房地产投资分析 4.房地产开发经营 5.房地产经纪实务 6.房地产估价 7.房地产销售实务	1.礼仪与沟通实训 2.房地产市场调研 3.房地产项目投资分析 4.房地产市场营销策划 5.房地产开发、经营管理流程模拟 6.房地产项目估价 7.房地产销售	200					√	
2	顶岗实习（校外实训基地或实习单位）	1.公共关系与礼仪 2.房地产经济学 3.房地产投资分析 4.房地产开发经营 5.房地产经纪实务 6.房地产估价 7.房地产统计 8.房地产基本制度与政策 9.房地产网络营销	1.房地产项目开发可行性分析 2.房地产开发项目管理 3.房地产营销策划与销售 4.房地产经纪实操 5.房地产估价实操 6.房地产网络营销 7.项目前期报建流程	750					√	√
合　　计				950						

注：每周按25学时计算。

3.3 教学安排说明

独立的实践性教学环节在第五学期集中开设，安排在校内结合校外进行，也可全部安排在合作企业内完成。

实践内容涵盖：房地产开发经营、项目营销策划、房地产市场调研、投资分析、开发项目管理、房地产销售、房地产经纪、房地产估价、顶岗实习等。

独立实践性教学环节的教学目标是：熟悉房地产公司的组织结构与运行，了解岗位工作职责与内容,熟悉房地产项目投资分析、开发经营、房地产运营管理、营销策划和中介服务各个工作环节的技术,掌握各种房地产文书编制技巧。

实行学分制的学校,修业年限可为 2~6 年。

课程学分:视课程程度和重要性每 16~20 学时计 1 学分,实践课每周计 1 学分。

毕业总学分 150 学分左右。

附录 2

高等职业教育房地产经营与管理专业校内实训及校内实训基地建设导则

1 总　　则

1.0.1 为了加强和指导高等职业教育房地产经营与管理专业校内实训教学和实训基地建设，强化学生实践能力，提高人才培养质量，特制定本导则。

1.0.2 本导则依据房地产经营与管理专业学生的专业能力和知识的基本要求制定，是《高等职业教育房地产经营与管理专业教学基本要求》的重要组成部分。

1.0.3 本导则适用于房地产经营与管理校内实训教学和实训基地建设。

1.0.4 本专业校内实训应与校外实训相互衔接，实训基地应与其他相关专业及课程的实训实现资源共享。

1.0.5 房地产经营与管理专业校内实训教学和实训基地建设，除应符合本导则外，尚应符合国家现行标准、政策的有关规定。

2 术　　语

2.0.1 实训

在学校控制状态下，按照人才培养规律与目标，对学生进行职业能力训练的教学过程。

2.0.2 基本实训项目

与专业培养目标联系紧密，应当开设，且学生必须在校内完成的职业能力训练项目。

2.0.3 选择实训项目

与专业培养目标联系紧密，应当开设，但可根据学校实际情况选择在校内或校外完成的职业能力训练项目。

2.0.4 拓展实训项目

与专业培养目标相联系，体现学校和专业发展特色，可在学校开展的职业能力训练项目。

2.0.5 实训基地

实训教学实施的场所，包括校内实训基地和校外实习基地。

2.0.6 共享性实训基地

与其他院校、专业、课程共用的实训基地。

2.0.7 理、实一体化教学法

即理论、实践一体化教学法，将专业理论课与专业实践课的教学环节进行整合，通过设定的教学任务，实现边教、边学、边做。

3 校内实训教学

3.1 一般规定

3.1.1 房地产经营与管理专业必须开设本导则规定的基本实训项目,且应在校内完成。

3.1.2 房地产经营与管理专业应开设本导则规定的选择实训项目,且宜在校内完成。

3.1.3 学校可根据本校专业特色,选择开设拓展实训项目。

3.1.4 实训项目的训练环境宜符合房地产经营与管理领域的真实环境。

3.1.5 本章所列实训项目,可根据学校所采用的课程模式、教学模式和实训教学条件,采取理、实一体化教学训练;可按单个项目开展训练或多个项目综合开展训练。

3.2 基本实训项目

3.2.1 房地产经营与管理专业的基本实训项目应符合表 3.2.1 的要求。

基本实训项目主要包括:房地产开发经营实训、房地产经济实训、房地产投资实训、房地产营销策划方案实训、房地产经纪实务实训、房地产估价实训等 6 项。

房地产经营与管理专业基本实训项目　　　　表 3.2.1

序号	实训项目	能力目标	实训内容	实训方式	评价要求
1	房地产开发经营	能运用房地产经济评价指标实际分析房地产投资项目,并能将投资结果用于撰写房地产投资可行性研究报告	撰写房地产投资可行性研究报告	给定项目资料、教师指导,分组实训	根据实训过程、实训完成时间、报告质量、团队协作及实训成果进行评价
2	房地产经济	能够运用经济学基础理论研究房地产市场和房地产业发展规律	撰写房地产市场分析报告;房地产产权与房地产制度分析	教师指导,分组实训	建议根据任务完成情况、成果质量等环节确定总评成绩
3	房地产投资	熟练应用经济评价指标对房地产项目进行投资分析	房地产市场调研,收集整理数据,编制投资分析报告	教师指导,分组实训	建议根据任务完成情况、成果质量及成果展示等环节确定总评成绩
4	房地产市场营销策划方案	能够编写房地产市场调查问卷和营销调研报告,能够进行房地产展会营销、网上营销和广告营销,能够编写房地产营销策划书进行楼盘销讲、新房预售等操作	房地产宏、微观市场调研,在资料收集和整理分析的基础上撰写分析报告,编制营销环境调查问卷、编制营销策划书;沙盘模拟新房预售、销售	教师指导分组实训沙盘模拟	根据实训过程、实训完成时间、实训作业、团队协作、实训成果及成果演示等进行评价

43

续表

序号	实训项目	能力目标	实训内容	实训方式	评价要求
5	房地产经纪实务	能够熟悉房地产经纪业务的基本类型和流程，区分房地产经纪合同的种类，辨析房地产委托合同与房地产居间合同的区别，熟练使用房地产经纪业务的常用技巧	模拟操作房地产经纪业务中的居间、代理、行纪等业务编制一、二手房的房屋买卖和租赁合同书	给定经纪对象条件下分组进行经纪业务流程演示、独立完成合同书编制	根据实训过程、实训完成时间、实训作业、团队协作及实训成果进行评价
6	房地产估价	了解房地产现场查勘内容；房地产价格组成；掌握房地产估价的程序；能够运用房地产估价报告	估价报告的应用	教师指导分组实施估价分析	根据实训过程、实训完成时间、实训作业、团队协作及实训成果进行评价

3.3 选择实训项目

3.3.1 房地产经营与管理专业的选择实训项目应符合表3.3.1的要求。

选择实训项目主要包括：公共关系与礼仪实训、房地产网络营销实训等2项。

房地产经营与管理专业选择实训项目　　　　表3.3.1

序号	实训项目	能力目标	实训内容	实训方式	评价要求
1	公共关系与礼仪	培养学生独立思考，协调合作的工作态度，锻炼学生理性思维和情绪控制的能力，强化学生关注相关领域发展动态的敏感和获取信息的方式，打造学生职场形象	针对专业在官方网站收集信息；分组进行信息的分类整理；编写分析报告；进行报告宣讲	教师指导，分组实训	根据实训过程、实训报告质量、团队协作情况及职场礼仪演示进行评价
2	房地产网络营销	培养学生掌握各种房地产网络营销工具与推广技巧，针对不同的房地产项目编写网络营销策划书	编写指定的房地产项目网络营销策划书	分组实训教师指导	根据实训过程、实训报告质量、团队协作情况和网络营销成果进行评价

3.4 拓展实训项目

3.4.1 房地产经营与管理专业可根据本校专业特色自主开设拓展实训项目。

3.4.2 房地产经营与管理专业开设拓展实训项目时，其能力目标、实训内容、实训方式、评价要求宜符合表3.4.1的要求。

拓展实训项目主要包括：建筑CAD运用实训、房地产开发项目招投标实训、装饰材料识别实训等3项。

房地产经营与管理专业拓展实训项目　　　　　　　表3.4.1

序号	实训项目	能力目标	实训内容	实训方式	评价要求
1	建筑CAD运用实训	能够利用CAD的基本使用技巧绘制小区平面图和房屋结构示意图	软件使用和演示，提交CAD制图作品	单独操作软件、教师指导	根据实训过程和成果进行评价
2	房地产开发项目招投标实训	能够根据建设项目招投标的基本法规、招投标流程编制简单的建设项目招投标书	编制建设项目招投标书	教师指导分组编制	根据实训过程、实训完成时间、投资分析报告质量、团队协作情况进行评价
3	装饰材料实训	使受训者能基本认识辨别各种建筑装饰材料的材质和质量等级	装饰材料识别	分组鉴别材料品级	根据实训过程、实训完成时间、投资分析报告质量、团队协作情况进行评价

3.5 实训教学管理

3.5.1 各院校应将实训教学项目列入专业培养方案，所开设的实训项目应符合本导则要求。

3.5.2 每个实训项目应有独立的教学大纲或教学标准及考核标准。

3.5.3 学生的实训成绩应在学生学业评价中占一定的比例，独立开设且实训时间1周及以上的实训项目，应单独记载成绩。

4 校内实训基地

4.1 一般规定

4.1.1 校内实训基地的建设，应符合下列原则和要求：
　　1 因地制宜、开拓创新，具有实用性、先进性和效益性，满足学生职业能力培养的需要；
　　2 实训用设备应优先选用工程用设备。

4.1.2 各院校应根据学校区位、行业和专业特点，积极开展校企合作，探索共同建设校内实训基地的有效途径，积极探索虚拟工作环境等实训新手段。

4.1.3 各院校应根据学校、区域、专业以及企业布局情况，统筹规划、建设共享型实训基地，努力实现实训资源共享，发挥实训基地在实训教学、企业培训、技术研发等多方面的作用。

4.2 校内实训基地建设

4.2.1 基本实训项目的实训设备（设施）和实训室（场地）是开设本专业的基本条件，各院校应达到本节要求。

选择实训项目、拓展实训项目在校内完成时，其实训设备（设施）和实训室（场地）应符合本节要求。

4.2.2 房地产经营与管理专业校内实训基地的场地最小面积、主要设备（设施）名称及数量应符合表 4.2.1 的要求。

注：本导则按照 1 个教学班实训计算实训设备（设施）。

房地产经营与管理实训基地配置标准　　　　　　表 4.2.1

序号	实训任务	实训类别	主要实训设备名称	单位	数量	实训室（场地）面积（m²）
1	房地产开发经营	基本实训项目	45机位多媒体机房	间	1	不小于100
			投影仪	台	1	
			上网服务器	个	1	
			房地产项目资料	套	5	
2	房地产营销策划	基本实训项目	标准实训室	间	1	不小于50
			电脑	台	45	
3	房地产经纪模拟	基本实训项目	各种楼盘沙盘	个	3	不小于100
			房地产交易合同范本	套	40	
			电脑	台	20	
4	房地产投资分析	基本实训项目	45机位多媒体机房	间	1	不小于100
			上网服务器	台	1	
5	房地产估价	基本实训项目	房屋建筑测量仪器	套	2	不小于50
			数码相机	台	4	
			电脑	台	20	
			估价报告	套	5	
6	公共礼仪	选择实训项目	电脑	台	20	不小于50
			公关礼仪视频资料	套	5	
7	房地产网络营销	选择实训项目	45机位多媒体机房	间	1	不小于50
			上网服务器	个	1	
8	建筑CAD使用实训	拓展实训项目	电脑	台	45	不小于50
			建筑CAD软件	套	10	

注：表中实训设备及场地按一个教学班训练计算，实训场地可兼用。

4.3 校内实训基地运行管理

4.3.1 学校应设置校内实训基地管理机构，对实践教学资源进行统一规划，有效使用。

4.3.2 校内实训基地应配备适当数量的专职管理人员，负责日常管理。

4.3.3 学校应建立并不断完善校内实训基地管理制度和相关绩效评价规定，使实训基地的运行科学有序，探索开放式管理模式，充分发挥校内实训基地在人才培养中的作用。

4.3.4 学校应定期对校内实训基地设备进行检查和维护，保证设备的正常安全运行。

4.3.5 学校应有足额资金的投入，保证校内实训基地的运行和设施更新。

4.3.6 学校应建立校内实训基地考核评价制度，形成完整的校内实训基地考评体系。

5 实 训 师 资

5.1 一 般 规 定

5.1.1 实训教师应履行指导实训、管理实训学生和对实训进行考核评价的职责。实训教师可以专兼职。

5.1.2 学校应建立实训教师队伍建设的制度和措施，有计划对实训教师进行培训。

5.2 实训师资数量及结构

5.2.1 学校应依据实训教学任务、学生人数合理配置实训教师，每个实训项目不宜少于2人。

5.2.2 各院校应努力建设专兼结合的实训教师队伍，专兼职比例宜为1∶1。

5.3 实训师资能力及水平

5.3.1 学校专任实训教师应熟练掌握相应实训项目的技能，宜具有房地产经营与管理一线岗位实践经验及相关职业资格证书或具备房地产领域中级及以上专业技术职务。

5.3.2 企业兼职实训教师应具备本专业理论知识和实践经验，经过教育理论培训；指导顶岗实训的兼职教师应具备房地产领域相应专业技术等级证书或具有房地产领域中级及以上专业技术职务。

本导则用词说明

为了便于在执行本导则条文时区别对待，对要求严格程度不同的用词说明如下：

1 表示很严格，非这样做不可的用词：
　　正面词采用"必须"；
　　反面词采用"严禁"。

2 表示严格，在正常情况下均应这样做的用词：
　　正面词采用"应"；

反面词采用"不应"或"不得"。
 3　表示允许稍有选择，在条件许可时首先应这样做的用词：
　　　正面词采用"宜"或"可"；
　　　反面词采用"不宜"。

附录 3

高等职业教育房地产经营与管理专业顶岗实习标准

1 总　　则

1.0.1　为了推动房地产经营与管理专业校企合作、工学结合的人才培养模式的改革，保证顶岗实习效果，提高人才培养质量，特制定本标准。

1.0.2　本标准依据房地产经营与管理专业学生的专业能力和知识的基本要求制定，是《高等职业教育房地产经营与管理专业教学基本要求》的重要组成部分。

1.0.3　本标准是学校组织实施房地产经营与管理专业顶岗实习的依据，也是学校、企业合作建设房地产经营与管理专业顶岗实习基地的标准。

1.0.4　房地产经营与管理专业顶岗实习应达到的教学目标是：

（1）在职业素养上具有全新的适应市场需求的房地产经营管理理念、扎实的专业知识和职业技能、良好的职业道德、熟练的沟通技巧和协调能力。

（2）在职业内涵上加深对所学法律法规、外语、房产统计、计算机操作、应用文写作等基础文化知识领会和贯通能力。

（3）在职业技能上具有市场开拓、客户服务和维护能力、房地产开发经营与管理能力、营销策划和执行能力、市场调研和统计分析能力、房地产数据分析和价值估算能力、获取市场信息及运用能力、学习与创新能力。

（4）在职业态度上能养成良好的职业道德，能够理解和掌握社会道德关系以及关于这种社会道德关系的理论、原则、规范；养成良好的职业情感、敬业精神，对所从事的职业及服务对象保持充沛的热情；养成良好的职业意志，具有自觉克服困难和排除障碍的毅力和精神；养成良好的职业理想，对所从事职业的未来发展，保持健康向上的正能量。

（5）在职业纪律上能遵守国家法律法规和行业的管理规定、遵守实习企业的各项管理制度和规定，遵守顶岗实习工作的各项操作规程、服从实习企业的工作安排，服从实习企业指导教师的指导和安排、服从学校实习指导教师的指导和安排。

（6）在企业文化上能熟悉并融入实习企业的文化，形成与实习企业文化相适应的职业行为习惯和企业价值观。

1.0.5　房地产经营与管理专业的顶岗实习，除应执行本标准外，尚应执行《房地产经营与管理专业教学基本要求》和国家相关法律法规。

2 术　　语

2.0.1　顶岗实习

指高等职业院校根据专业培养目标要求，组织学生以准员工的身份进入企（事）业等单位专业对口的工作岗位，直接参与实际工作过程，完成一定工作任务，以获得初步的岗位工作经验、养成正确职业素养的一种实践性教学形式。

2.0.2 顶岗实习基地

指具有独立法人资格，具备接受一定数量学生顶岗实习的条件，愿意接纳顶岗实习，并与学校具有稳定合作关系的企（事）业等单位。

2.0.3 企业资质

是指企业在从事某种行业经营中，应具有的资格以及与此资格相适应的质量等级标准。企业资质包括企业的人员素质、技术及管理水平、工程设备、资金及效益情况、承包经营能力和建设业绩等。

2.0.4 顶岗实习学生

指由高等职业院校按照专业培养目标要求和教学计划安排，组织进入到企（事）业等用人单位的实际工作岗位进行实习的在校学生。

2.0.5 顶岗实习协议

是按照《职业教育法》及各省、市、自治区劳动保障部门的相关规定，由学校、企业、学生达成的实习协议。

3 实习基地条件

3.1 一般规定

3.1.1 学校应建立稳定的顶岗实习基地。顶岗实习基地应建立在具有独立法人资格、依法经营、规范管理、安全生产有保障，以及生产经营范围与学生所学专业方向一致或相近的、自愿接纳顶岗实习的相关企事业单位。

3.1.2 顶岗实习基地应具备以下基本条件：

（1）有常设的实习管理机构和专职管理人员。

（2）有健全的实习管理制度、办法。

（3）有完备的劳动保护和职业卫生条件。

（4）不得安排非专业学生从事高空、井下、放射性、高毒、易燃易爆等国家规定的第四级体力劳动强度以及其他具有安全隐患的实习工作。

（5）学生顶岗实习应当执行国家在劳动时间方面的相关规定。

（6）实习报酬应当不低于当地劳动力最低收入标准。实习报酬的形式、内容和标准应当通过签订顶岗实习协议的形式来约定。

3.1.3 顶岗实习基地宜提供与本专业培养目标相适应的职业岗位，并应对学生实施轮岗实习。

3.2 资质与资信

3.2.1 顶岗实习基地的资质应满足以下要求：

（1）具有良好信誉且在业内有一定影响的房地产经营管理骨干企业。企业运营态势良好、经营和管理状况稳健、自愿接纳学生顶岗实习。企业应能提供多元化岗位，以利于市场波动状态下的学生职业生涯规划和逐步上升。

（2）经营范围应包括房地产项目开发、房地产经营、房地产估价、房地产营销、房屋租售代理和行纪、房地产项目售后维护管理和招商运营等。

（3）具有完善的管理制度和服务体系，有良好的人才培养和管理机制，在岗位提供和带教老师的配备上能充分满足达成实习目标的需要。

3.2.2 顶岗实习基地的资信应满足以下要求：

（1）实习单位的营业执照，资质证书，安全生产许可证，税务登记证，组织机构代码齐全，内容真实正确。

（2）实习单位近三年无重大人为安全事故。

（3）企业信用等级优良（A级及以上），业界评价好。

3.3 场地与设施

3.3.1 实习企业应根据接收学生实习的需要，建立、健全本单位安全生产责任制，制定相关安全生产规章制度和操作规程，制定并实施本单位的生产安全事故应急救援预案，为实习学生和实习场所配备必要的安全保障器材。

3.3.2 实习企业应比照自身相应岗位员工在工作过程中所具备的场地与设施标准，向实习学生提供实习的场地与设施条件和相关信息资料，使学生能够完成实习工作。

3.3.3 学校应当与实习企业协商，为顶岗实习学生提供必需的食宿条件和劳动防护用品，保障学生实习期间的生活便利和人身安全。

3.4 岗位与人员

3.4.1 岗位

实习企业的岗位应包括置业顾问、房地产市场调研员、房地产投资分析员、行政助理、前期专员、房地产估价员等。

3.4.2 人员标准

各校可根据校企合作企业的经营规模、校企合作协议等具体情况，安排适当数量的顶岗实习生参加实习，但必须使本专业学生的顶岗实习参加率达到100％。

4 实习内容与实施

4.1 一般规定

4.1.1 学校应根据顶岗实习内容选择适宜的工程项目。

4.1.2 顶岗实习的内容和时间安排应与专项技能实训、综合训练有机衔接。

4.1.3 顶岗实习岗位应包括：置业顾问、房地产市场调研员、营销策划员、房地产估价员、招商员、行政助理、前期专员、房地产投资分析员等。还宜包括与本专业相关的企事业单位的相关专业岗位。

4.2 实 习 时 间

4.2.1 顶岗实习时间不应少于一个学期，建议安排在第3学年第5学期或第6学期。各学校宜利用假期等适当延长顶岗实习时间。

4.2.2 各岗位实习时间不宜少于一个月。在同一企业内轮岗实习的，各岗位实习时间可按岗位工作内容、工作性质和企业需要灵活掌握。

4.3 实习内容及要求

4.3.1 置业顾问岗位的实习内容及要求应符合表4.3.1的要求。

置业顾问岗位的实习内容及要求　　　　　　　　　　表4.3.1

序号	实习项目	实习内容	实习目标	实习要求
1	沟通交际和公关能力培养	1) 会议策划 2) 客户会见、协商、沟通	能协助营销人员完成会议策划和客户接待	(1) 服从顶岗实习基地各项管理制度和要求 (2) 服从顶岗实习基地指导老师的指导和工作安排 (3) 严格按照工作规程完成工作 (4) 工作过程中善于思考、积极主动，处理和协调好人际关系 (5) 认真完成每天每项工作的工作记录

4.3.2 房地产市场调研员岗位的实习内容及要求应符合表4.3.2的要求。

房地产市场调研员岗位的实习内容及要求　　　　　　表4.3.2

序号	实习项目	实习内容	实习目标	实习要求
1	宏微观市场调查	选择调查对象、确定调查内容、制定调查方案、有效进行市场调查并得出调查结论	能够熟练运用房地产经济、统计、会计知识进行常规的市场调研工作	(1) 服从顶岗实习基地各项管理制度和要求 (2) 服从顶岗实习基地指导老师的指导和工作安排 (3) 严格按照工作规程完成工作 (4) 工作过程中善于思考、积极主动，处理和协调好人际关系 (5) 认真完成每天每项工作的工作记录
2	市场数据分析	收集、整理基础数据并编写相应报表、根据报表进行相关指标计算、得出结论性意见	能够运用所学理论知识，对各种房地产投资活动进行一般分析评价	

4.3.3 房地产投资分析员岗位的实习内容及要求应符合表4.3.3的要求。

房地产投资分析员岗位的实习内容及要求　　　　表4.3.3

序号	实习项目	实习内容	实习目标	实习要求
1	项目投资可行性分析	投资分析报告的编写	能够设计投资分析报告框架，熟练掌握报告的基本格式及内容编排，可以使用计算机相关软件进行报告编写、排版、打印输出等	（1）服从顶岗实习基地各项管理制度和要求 （2）服从顶岗实习基地指导老师的指导和工作安排 （3）严格按照工作规程完成工作 （4）工作过程中善于思考、积极主动，处理和协调好人际关系 （5）认真完成每天每项工作的工作记录
2	投资项目选择	收集、整理基础数据并编写相应报表，根据报表进行相关指标计算、得出结论性意见	能够运用所学理论知识，对各种房地产投资活动进行一般分析评价	
2	楼盘选择与规划	1）根据客户需要进行楼盘选择 2）楼盘评估 3）资料准备及金融、法律事务处理	帮助客户进行置业选择与规划	

4.3.4 营销策划员岗位的实习内容及要求应符合表4.3.4的要求。

营销策划员岗位的实习内容及要求　　　　表4.3.4

序号	实习项目	实习内容	实习目标	实习要求
1	编制营销策划书	针对目标楼盘拟定营销策略、编制营销策划书	熟悉营销策划书的结构，掌握编写营销策划书的技巧	（1）服从顶岗实习基地各项管理制度和要求 （2）服从顶岗实习基地指导老师的指导和工作安排 （3）严格按照工作规程完成工作 （4）工作过程中善于思考、积极主动，处理和协调好人际关系 （5）认真完成每天每项工作的工作记录
2	案场沟通协调	客户会见、协商、沟通	掌握沟通礼仪、技巧，学会客户心理分析	

4.3.5 房地产估价员岗位的实习内容及要求应符合表4.3.5的要求。

房地产估价员岗位的实习内容及要求 表 4.3.5

序号	实习项目	实习内容	实习目标	实习要求
1	实地查勘	1) 调查房地产权属 2) 查勘房地产实体构造 3) 查勘房地产环境	能独立完成现场实地查勘	（1）服从顶岗实习基地各项管理制度和要求 （2）服从顶岗实习基地指导老师的指导和工作安排 （3）严格按照工作规程完成工作 （4）工作过程中善于思考、积极主动，处理和协调好人际关系 （5）认真完成每天每项工作的工作记录
2	房地产估价	1) 成本法 2) 市场比较法 3) 收益法	能正确计算出房地产评估价格	
3	房地产估价报告	1) 房地产估价报告的格式 2) 房地产估价报告的编制	能协助制作房地产估价报告	

4.3.6 招商员岗位的实习内容及要求应符合表 4.3.6 的要求。

招商员岗位的实习内容及要求 表 4.3.6

序号	实习项目	实习内容	实习目标	实习要求
1	商户调查与分析	1) 商户信息调查与分析 2) 编制调查分析报告	能对商户的市场动态进行调查分析，收集信息资料，编写分析调查报告	（1）服从顶岗实习基地各项管理制度和要求 （2）服从顶岗实习基地指导老师的指导和工作安排 （3）严格按照工作规程完成工作 （4）工作过程中善于思考、积极主动，处理和协调好人际关系 （5）认真完成每天每项工作的工作记录
2	商户引进	商户引进、洽谈技巧	能进行商户引进、洽谈、签约工作	
3	活动策划	熟悉促销活动的组织流程	能组织实施大型促销活动，协助品牌商做好宣传促销活动，和品牌商共同落实促销措施	

4.3.7 行政助理岗位的实习内容及要求应符合表 4.3.7 的要求。

行政助理岗位的实习内容及要求 表 4.3.7

序号	实习项目	实习内容	实习目标	实习要求
1	办公设备使用	企业现有办公设备的使用方法	能熟练使用现代办公设备（电脑、传真机、打印机等）	（1）服从顶岗实习基地各项管理制度和要求 （2）服从顶岗实习基地指导老师的指导和工作安排 （3）严格按照工作规程完成工作 （4）工作过程中善于思考、积极主动，处理和协调好人际关系 （5）认真完成每天每项工作的工作记录
2	来访接待	熟悉来人接待的相关流程	能独立完成来人接待工作	
3	活动策划	活动策划书编写	能够策划、组织各种活动	

4.3.8 前期专员岗位的实习内容及要求应符合表 4.3.8 的要求。

前期专员岗位的实习内容及要求　　　表 4.3.8

序号	实习项目	实习内容	实习目标	实习要求
1	开工前准备	1）房地产市场数据收集整理 2）房地产项目开工前各类证件内容	能够对市场数据进行收集和分析，并熟悉房地产项目开工前各类证件（五证）及相关手续办理流程	（1）服从顶岗实习基地各项管理制度和要求 （2）服从顶岗实习基地指导老师的指导和工作安排 （3）严格按照工作规程完成工作 （4）工作过程中善于思考、积极主动，处理和协调好人际关系 （5）认真完成每天每项工作的工作记录
2	配套工程手续	市政配套手续办理工作流程	熟悉市政配套工程手续办理流程	
3	公共关系	协调维护与政府相关主管部门的公共关系	能协调维护房地产开发企业与政府相关部门的关系	

4.4 指导教师配备

4.4.1 学校指导教师

学校指导教师应具有中级及以上的专业技术职称，具有房地产经营与管理工作实践经验和指导学生顶岗实习的能力。

4.4.2 企业指导教师

企业指导教师应具有中、高级技术职称，或是企业主管级或部门经理级管理人员，一般应具有相应岗位 3～5 年的工作经历。

4.4.3 加强职业教育

学校指导教师和实习企业指导教师都要加强学生顶岗实习期间的思想政治教育、职业安全教育、职业技能教育和职业道德教育。

4.5 实习考核

4.5.1 考核内容

对实习学生的考核内容主要包括：实习学生的工作态度、遵守实习企业的管理制度和工作纪律、工作技能和完成工作的质量、完成顶岗实习日（周）志情况、顶岗实习报告、实习企业带教教师的评价、实习学生的诚信记录等。

4.5.2 考核形式

顶岗实习考核应由学校组织，学校、企业共同实施，以企业考核为主，对学生在实习期间的工作表现、工作质量、知识运用和技术技能掌握情况等进行考核。考核结果分优秀、良好、中等、及格和不及格五个等级，学生考核结果在及格及以上者获得学分。实习成绩由实习基地（单位）和学校两部分考核成绩构成，比例由学校和企业商定。

4.5.3 考核组织

学校应与实习企业共同建立对学生的顶岗实习考核制度，共同制定实习评价标准。学校与实习企业应就学生的顶岗实习共同制定实习教学计划，按照实习教学计划完成教学任务。顶岗实习计划的内容应包括：实习教学所要达到的目标、各实习环节、课题内容、形式、程序、时间分配、实习岗位、考核要求及方式方法等。

学校应当做好学生顶岗实习材料的归档工作。顶岗实习教学文件和资料包括：（1）顶岗实习协议；（2）顶岗实习计划；（3）学生顶岗实习报告；（4）学生顶岗实习成绩或顶岗实习考核表；（5）顶岗实习日（周）志；（6）顶岗实习巡回检查记录；（7）学生诚信记录。

5 实习组织管理

5.1 一般规定

5.1.1 学校、企业和学生本人应订立三方协议，规范各方权利和义务。

5.1.2 学生实习期间应按国家有关规定购买实习责任保险，其费用分摊比例根据校企协议确定。

5.2 各方权利和义务

5.2.1 学校应享有的权利和应履行的义务是：

（1）进行顶岗实习基地的规划和建设，根据专业性质的不同，建立数量适中、布点合理、稳定的顶岗实习基地。

（2）根据专业培养方案，为学生提供符合要求的顶岗实习岗位。

（3）全面负责顶岗实习的组织、实施和管理。

（4）配备责任心强、有实践经验的顶岗实习指导教师和管理人员。

（5）对顶岗实习基地（单位）的指导教师进行必要的培训。

（6）根据顶岗实习单位的要求，优先向其推荐优秀毕业生。

（7）对不符合实习条件和不能落实应尽义务的实习单位进行更换。

5.2.2 顶岗实习基地（单位）应享有的权利和应履行的义务是：

（1）建立顶岗实习管理机构，安排固定人员管理顶岗实习工作，并选派有经验的业务人员担任顶岗实习指导教师，承担业务指导的主要职责。

（2）负责对顶岗实习学生工作时间内的管理。

（3）参与制定顶岗实习计划。

（4）为顶岗实习学生提供必要的住宿、工作、学习、生活条件，提供或借用劳动防护用品。

（5）享有优先选聘顶岗实习学生的权利。

（6）依法保障顶岗实习学生的休息、休假和劳动安全卫生。

5.2.3 顶岗实习学生应享有的权利和应履行的义务是：

（1）遵守国家法律法规和顶岗实习基地（单位）规章制度，遵守实习纪律。

（2）服从领导和工作安排，尊重、配合指导教师的工作，及时反馈对实习的意见和建议，与顶岗实习基地（单位）员工团结协作。

（3）认真执行工作程序，严格遵守安全操作规程。

（4）依法享有休息、休假和劳动保护权利。

（5）遵守保密规定，不泄露顶岗实习基地（单位）的技术、财务、人事、经营等机密。

（6）学生在顶岗实习期间所形成的一切工作成果均属顶岗实习基地（单位）的实习基地成果，将其应用于顶岗实习工作以外的任何用途，均需顶岗实习基地（单位）的同意。

5.3 实习过程管理

5.3.1 学校和实习单位在学生顶岗实习期间，应当维护学生的合法权益，确保学生在实习期间的人身安全和身心健康。

5.3.2 学校组织学生顶岗实习应当遵守相关法律法规，制定具体的管理办法，并报上级教育行政部门和行业主管部门备案。

5.3.3 学校应当对学生顶岗实习的单位、岗位进行实地考察，考察内容应包括：学生实习岗位工作性质、工作内容、工作时间、工作环境、生活环境及安全防护等方面。

5.3.4 学生到实习单位顶岗实习前，学校、实习单位、学生应签订三方顶岗实习协议，明确各自责任、权利和义务。对于未满18周岁的学生，应由学校、实习单位、学生与法定监护人（家长）共同签订，顶岗实习协议内容必须符合国家相关法律法规要求。

5.3.5 学校和实习单位应当为学生提供必要的顶岗实习条件和安全健康的顶岗实习劳动环境。不得通过中介机构有偿代理组织、安排和管理学生顶岗实习工作；学生顶岗实习应当执行国家在劳动时间方面的相关规定。

5.3.6 建立学校、实习单位和学生家长定期信息通报制度。学校向家长通报学生顶岗实习情况。学校与实习单位共同做好顶岗实习期间的教育教学工作。

5.3.7 顶岗实习基地接收顶岗实习学生人数超过20人以上的，学校应安排一名实习指导教师与企业共同指导与管理实习学生，有条件的学校宜根据实习学生分布情况按地区建立实习指导教师驻地工作站。

5.3.8 学生顶岗实习期间，遇到问题或突发事件，应及时向实习指导教师和实习单位及学校报告。

5.4 实习安全管理

5.4.1 实习安全管理总则

学校应根据学生顶岗实习工作岗位制定各项具体的安全工作规定，对学生进行系统的安全统筹，布置各时期的安全工作，加强与企业沟通，齐抓共管，全面落实各项安全措施。

5.4.2 实习安全管理措施

（1）完善合同责任制。应签订学校、顶岗实习学生、实习企业三方协议，明确各方的安全责任。

（2）建立学生保险制度。凡是参加顶岗实习的学生必须购买实习责任保险。

（3）强化预防意识，学校应当制定相应的顶岗实习学生安全管理措施，制定突发事件应急预案。

（4）严格请销假制度。实习学生要自觉遵守学校、实习单位的各项制度，服从实习单位和指导老师的安排，因事离开实习工作岗位，必须履行请假手续，按时销假，严禁学生擅自离开实习岗位或请假、超假不归。

5.5 实习经费保障

5.5.1 实习教学经费是指由学校预算安排，属实习教学专项经费，应实行"统一计划、统筹分配、专款专用"的原则。任何单位和个人不得挤占、截留和挪用。

5.5.2 实习教学经费开支范围可包括：校内实习指导教师的交通费、住宿费、补助费，学生实习责任保险费、实习教学资料费、实习基地的实习教学管理费、参观费、授课酬金等。

5.5.3 鼓励有条件的实习基地向顶岗实习学生支付合理的实习补助。实习补助的标准应当通过签订顶岗实习协议进行约定。不得向学生收取实习押金和实习报酬提成。

本标准用词说明

为了便于在执行本导则条文时区别对待，对要求严格程度不同的用词说明如下：

1 表示很严格，非这样做不可的用词：
  正面词采用"必须"；
  反面词采用"严禁"。

2 表示严格，在正常情况下均应这样做的用词：
  正面词采用"应"；
  反面词采用"不应"或"不得"。

3 表示允许稍有选择，在条件许可时首先应这样做的用词：
  正面词采用"宜"或"可"；
  反面词采用"不宜"。

第二部分 高等职业教育房地产经营与管理专业（房地产估价方向）教学基本要求

目 录

1 专业名称及方向 ·· 63
2 专业代码 ·· 63
3 招生对象 ·· 63
4 学制与学历 ·· 63
5 就业面向 ·· 63
6 培养目标与规格 ·· 64
7 职业证书 ·· 65
8 教育内容及标准 ·· 65
9 专业办学基本条件和教学建议 ·· 81
10 继续学习深造建议 ·· 85
附录1 房地产经营与管理专业（房地产估价方向）教学基本要求实施示例 ············ 87
附录2 高等职业教育房地产经营与管理专业（房地产估价方向）
      校内实训及校内实训基地建设导则 ·································· 99
附录3 高等职业教育房地产经营与管理专业（房地产估价方向）顶岗实习标准 ······ 109

高等职业教育房地产经营与管理专业（房地产估价方向）教学基本要求

1 专业名称及方向

专业名称：房地产经营与管理

专业方向：房地产估价

2 专业代码

540701

3 招生对象

普通高中毕业生及三校生

4 学制与学历

三年制，专科

5 就业面向

5.1 就业职业领域

房地产估价、房地产开发、房地产咨询等房地产相关企业。

5.2 初始就业岗位群

房地产估价员、房地产投资分析员、房地产市场调研员、销售顾问、置业顾问等。

5.3 发展岗位群

房地产估价师、土地估价师、营销策划总监、房地产投资咨询师等工作。

6 培养目标与规格

6.1 培养目标

本专业方向旨在培养房地产估价行业急需的、具备房地产估价专业知识和专业技术的高素质技术技能人才。学生通过基础课、专业课的学习以及实习、实训等技能环节的培训后，应具备较高的职业道德素养、较强的服务意识和岗位技能，具有"互联网＋房地产估价"思维，成为熟悉房地产领域相关制度和政策，能熟练运用房地产估价相关知识及技能进行土地估价、各种类型房地产估价等工作的高素质技术技能人才。

6.2 人才培养规格

6.2.1 基本素质

（1）政治思想素质

热爱社会主义祖国，能够准确理解和把握社会主义核心价值观的深刻内涵和实践要求，具有正确的世界观、人生观和价值观。

（2）文化素质

具有良好的语言表达能力和社交能力，能撰写房地产相关应用型文书，有一定外语表达能力、熟练的计算机应用能力，具备较强的法律意识，有一定的创业能力和创新精神。

6.2.2 知识要求

熟悉计算机、英语、数学的基础应用知识；掌握房地产制度与政策、土地估价、房地产估价理论与方法、房地产投资分析等基本专业理论知识以及"互联网＋"的基本知识和操作方法。

6.2.3 能力要求

计算机应用能力：熟练使用 Office 办公软件；熟悉 BIM 建模技术；能熟练地网上检索、浏览信息、下载文件等。

语言文字表达能力：能准确表达个人思想，恰当地使用语言与他人交流；能有效运用信息撰写比较规范的常用应用文。

创新能力：勤于思考，积极发表自己的见解；善于动脑，乐于探索，有一定的创新精神。

专业能力：对抵押房产、二手房、在建工程和租赁房产具备初步房地产估价能力；具有房地产营销策划的能力；具有房地产开发经营的能力，具有投资分析的基本能力。

6.2.4 职业态度

热爱本职工作，具有较强的服务意识，良好的职业道德和职业操守。

7 职业证书

毕业生修完规定课程，成绩合格，取得国家高等职业教育毕业文凭。符合国家和当地条件，通过相应的岗位资格考试，取得本专业相关的资格证书。

8 教育内容及标准

课程设置紧密围绕高素质技术技能人才培养目标，综合考虑学生基本素质、职业能力培养和职业生涯的可持续发展，根据职业岗位任职要求，参照房地产类职业资格考试大纲的考核内容设置教育内容及标准，充分体现行业任职要求和房地产业发展变化趋势。

8.1 专业教育内容体系框架

专业教育内容体系由普通教育内容、专业教育内容和拓展教育内容三大部分构成。房地产经营与管理专业（房地产估价方向）教育内容体系框架如图1所示。

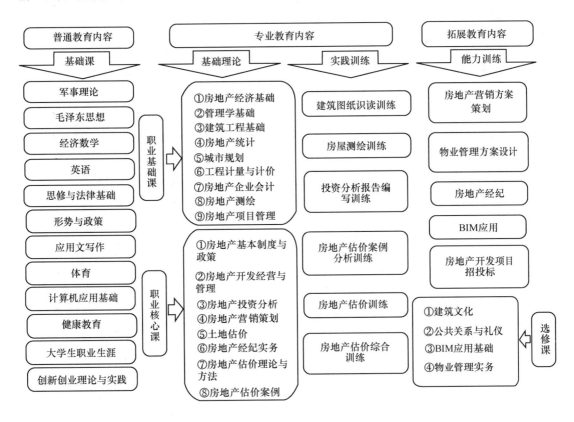

图1 房地产经营与管理专业（房地产估价方向）教育内容体系框架

8.2 专业教学内容及标准

8.2.1 专业知识、技能体系一览

房地产经营与管理专业（房地产估价方向）职业岗位和职业核心能力对应表　　　表1

序号	职业岗位	岗位核心能力	岗位综合能力
1	房地产估价员	房地产估价实操能力	（1）估价方法选择和运用 （2）撰写估价报告
2	市场调研员	市场调研能力	（1）宏微观市场调查 （2）市场数据分析
3	房地产投资分析员	投资分析能力	（1）项目投资可行性分析 （2）投资项目选择
4	置业顾问	市场营销能力	（1）沟通交际和公关 （2）营销方法与技巧
5	销售顾问	营销策划和协调能力	（1）编制营销策划书 （2）案场沟通协调

房地产经营与管理专业（房地产估价方向）知识体系一览表　　　表2

知识领域	知识单元		知识点
1. 房地产法规	核心知识单元	（1）房地产基本制度	1）国有土地上房屋征收与补偿法律制度 2）房地产开发管理制度 3）房地产交易管理制度 4）房地产登记制度 5）房地产税收制度 6）物业管理法律法规 7）住房公积金制度
		（2）房地产政策	1）建设用地管理 2）房地产中介服务管理 3）房地产纠纷处理
2. 房地产经济理论与管理方法	核心知识单元	（1）房地产经济	1）房地产及房地产业 2）房地产经济理论 3）房地产市场运行机制 4）房地产市场价格形成及影响因素 5）房地产市场宏观调控
		（2）管理学原理	1）管理原理与基本职能 2）有效的管理方法 3）组织与组织机构 4）工作计划的制定与执行 5）领导、控制与创新

续表

知识领域	知识单元		知识点
2. 房地产经济理论与管理方法	核心知识单元	(3) 城市规划管理	1) 城市、城市化及城市发展过程 2) 城市规划理论与思想及其发展与实践 3) 我国城乡规划体系内容及编制程序、审批管理 4) 城市总体规划的作用、任务、内容、编制方法 5) 居住区的组成、规模、设计任务及原则
		(4) 房地产项目管理	1) 房地产项目管理的基本概念与特征 2) 房地产项目组织结构形式及其特点 3) 房地产项目进度计划编制方法 4) 房地产项目投资管理基本内涵及其费用控制、质量控制 5) 房地产项目风险管理及合同管理
		(5) 房地产投资分析决策	1) 房地产投资分析基本概念与内容 2) 房地产投资环境与市场分析 3) 资金时间价值计算及其应用 4) 房地产投资静态分析、动态分析 5) 典型房地产置业投资、开发投资分析
		(6) 房地产经纪	1) 房地产经纪的从业规则与业务类型 2) 房地产经纪合同 3) 房地产经纪纠纷处理
		(7) 房地产营销	1) 房地产消费者分析 2) 房地产市场细分和产品定位 3) 房地产营销策略 4) 房地产营销方案策划、执行与控制
		(8) 房地产开发	1) 房地产开发工程招标与投标 2) 房地产综合开发的基本流程
		(9) 房地产经营管理	1) 房地产经营与管理的基本概念及其特征 2) 房地产行政管理、经营预测、房地产经营目标决策 3) 房地产开发项目的经济评价
		(10) 房地产统计	1) 统计学基本原理 2) 企业数据整理、分析 3) 统计报表

续表

知识领域	知识单元		知识点
2. 房地产经济理论与管理方法	选修知识单元	(1) 物业管理基础	1) 物业管理基本概念和发展历程 2) 物业管理市场及各参与方 3) 不同阶段物业管理服务重点 4) 物业服务合同 5) 物业管理法律法规
		(2) 物业管理实际操作	1) 物业服务方案制定 2) 前期物业管理 3) 物业安全管理与服务 4) 物业保洁管理与服务 5) 物业设备管理 6) 日常服务与管理
		(3) 商务礼仪与公关	1) 人际交往基本礼仪 2) 商务礼仪规范
		(4) 建筑文化	1) 建筑艺术发展史 2) 建筑艺术与人类文化发展史 3) 建筑艺术赏析
		(5) 房地产企业财务管理	1) 会计的基本知识和核算原理 2) 房地产企业货币资金和应收账款的核算 3) 房地产企业存货的核算 4) 固定资产及无形资产的核算、负债的核算、所有者权益的核算 5) 房地产开发企业成本
3. 工程技术基础	核心知识单元	(1) 建筑构造与图纸识读	1) 民用建筑构造 2) 工业建筑构造 3) 建筑结构组成基本构件 4) 建筑图纸识读 5) 建筑工程施工概述
		(2) 房地产测绘	1) 测绘仪器的使用 2) 房地产控制测量、要素测量 3) 数据采集与产权产籍图纸绘制
		(3) 建筑工程计量计价	1) 建筑工程计量 2) 建筑工程计价 3) 工程量清单编制
	选修知识单元	(1) 工程项目模型建立	1) 项目模型难点分析 2) 三维模型的创建 3) 模型参数化设置
		(2) 互联网应用	1) 网络技术基础 2) 因特网的接入与使用 3) 网页制作

续表

知识领域	知识单元		知识点
4. 房地产估价技术与方法	核心知识单元	（1）土地估价	1）土地分类 2）土地估价方法
		（2）房地产估价方法应用	1）房地产估价人员与机构 2）房地产估价程序 3）房地产估价方法选择 4）房地产价格评估与计算 5）估价报告的撰写
		（3）房地产估价案例分析	1）房地产估价常用文书 2）不同类型房地产估价案例分析 3）不同目的房地产估价案例分析 4）房地产咨询顾问服务

房地产经营与管理专业（房地产估价方向）技能体系一览表　　　　表3

技能领域	技能单元		技能点
1. 房地产经济理论与管理方法	核心技能单元	（1）房地产投资分析	1）房地产市场调研 2）房地产基本财务报表编制 3）投资分析报告编写
	选修技能单元	（1）房地产营销交际礼仪	1）会议策划 2）客户会见、协商、沟通 3）营销方案编制
		（2）房地产经纪业务实操	1）房地产经纪业务流程 2）商业文书编制 3）业务技巧
		（3）物业管理方案设计	1）物业管理招投标文件拟定 2）物业服务合同文本拟定 3）物业服务方案制定
2. 工程技术基础	核心技能单元	（1）建筑图纸识读	1）建筑制图基本知识与技能训练 2）投影作图 3）房屋建筑施工图的绘制与识读 4）结构施工图识读
		（2）房屋测绘	1）水平距离测设与水平角测设 2）高程测设与高程传递 3）水平面测设与坡度线测设 4）测设地面点位方法 5）建筑物定位、放线 6）面积计算与产权产籍图纸绘制

续表

技能领域	技能单元		技能点
3. 房地产估价技术与方法	核心技能单元	(1) 房地产估价	1) 市场调查报告编写 2) 估价方法选择与计算
		(2) 房地产估价案例分析	1) 案例问题分类 2) 案例问题解决方案编写
		(3) 估价综合实训	1) 职业能力分析 2) 工作内容分析 3) 综合实训指导

8.2.2 核心知识单元、技能单元教学要求

房地产基本制度知识单元教学要求　　　　　　　表 4

单元名称	房地产基本制度	最低学时	30 学时
教学目标	1. 了解房地产法律法规、住房公积金制度 2. 熟悉建设用地制度与政策、国有土地上房屋征收与补偿法律制度、房地产开发管理制度 3. 掌握房地产交易管理制度、房地产登记制度、房地产税收制度		
教学内容	知识点 1. 建设用地制度与政策 知识点 2. 房地产开发管理制度 知识点 3. 房地产交易管理制度 知识点 4. 房地产登记制度 知识点 5. 房地产税收制度 知识点 6. 物业管理法律法规 知识点 7. 住房公积金制度		
教学方法建议	1. 讲授法 2. 小组讨论法 3. 案例教学法		
考核评价要求	1. 学生自我评价 2. 完成给定的案例并根据完成效果予以评价 3. 课堂提问		

房地产政策知识单元教学要求　　　　　　　表 5

单元名称	房地产政策	最低学时	22 学时
教学目标	1. 了解房地产中介服务管理 2. 熟悉房地产纠纷处理 3. 掌握建设用地管理		
教学内容	知识点 1. 建设用地管理 知识点 2. 房地产纠纷处理 知识点 3. 房地产中介服务管理		

续表

单元名称	房地产政策	最低学时	22 学时
教学方法建议	1. 讲授法 2. 小组讨论法 3. 案例教学法		
考核评价要求	1. 学生自我评价 2. 完成给定的案例并根据完成效果予以评价 3. 课堂提问		

房地产经济知识单元教学要求　　表 6

单元名称	房地产经济	最低学时	34 学时
教学目标	1. 了解房地产及房地产业、房地产经济学相关理论 2. 熟悉房地产市场运行机制、房地产市场价格的形成及其影响因素 3. 掌握房地产市场宏观调控手段		
教学内容	知识点 1. 房地产及房地产业 知识点 2. 房地产经济学相关理论 知识点 3. 房地产市场运行机制 知识点 4. 房地产市场价格的形成及其影响因素 知识点 5. 房地产市场宏观调控		
教学方法建议	1. 讲授法 2. 小组讨论法 3. 多媒体演示法		
考核评价要求	1. 学生自我评价 2. 参与课堂讨论与实际案例分析 3. 课堂提问		

管理学基础知识单元教学要求　　表 7

单元名称	管理学基础知识	最低学时	34 学时
教学目标	1. 了解管理原理与基本职能、组织与组织机构 2. 熟悉领导、控制与创新、工作计划的制定与执行 3. 掌握有效的管理方法		
教学内容	知识点 1. 管理原理及基本职能 知识点 2. 组织与组织机构 知识点 3. 领导、控制与创新 知识点 4. 工作计划的制定 知识点 5. 有效的管理方法		
教学方法建议	1. 讲授法 2. 小组讨论法 3. 多媒体演示法		

续表

单元名称	管理学基础知识	最低学时	34 学时
考核评价要求	1. 学生自我评价 2. 参与课堂讨论与实际案例分析，根据实际表现评定成绩 3. 课堂提问		

城市规划管理知识单元教学要求　　表 8

单元名称	城市规划管理	最低学时	34 学时
教学目标	1. 了解城市、城市化及城市发展过程，城市规划理论与思想及其发展与实践 2. 熟悉我国城乡规划体系内容及编制程序、审批管理 3. 掌握居住区的组成、规模、设计任务及原则，城市总体规划的作用、任务、内容、编制方法		
教学内容	知识点 1. 城市、城市化、城市发展 知识点 2. 城市规划理论与思想及其发展与实践 知识点 3. 我国城乡规划体系内容及编制程序、审批管理 知识点 4. 城市总体规划的作用、任务、内容、编制方法 知识点 5. 居住区的组成、规模、设计任务及原则		
教学方法建议	1. 讲授法 2. 小组讨论法 3. 案例教学法 4. 多媒体演示法		
考核评价要求	1. 学生自我评价 2. 参与课堂讨论与实际案例分析，根据实际表现评定成绩 3. 课堂提问		

房地产项目管理知识单元教学要求　　表 9

单元名称	房地产项目管理	最低学时	30 学时
教学目标	1. 了解房地产项目管理的基本概念与特征 2. 熟悉房地产项目常用的质量控制方法 3. 掌握房地产项目组织结构形式及其特点、房地产项目进度计划编制方法、房地产项目投资管理基本内涵及其费用控制、房地产项目风险的识别方法及房地产合同管理的基本内容		
教学内容	知识点 1. 房地产项目管理的基本概念与特征 知识点 2. 房地产项目组织结构形式及其特点 知识点 3. 房地产项目进度计划编制方法 知识点 4. 房地产项目投资管理基本内涵及其费用控制、质量控制 知识点 5. 房地产项目风险管理及合同管理		
教学方法建议	1. 讲授法 2. 案例教学法 3. 多媒体演示法 4. 小组讨论法		
考核评价要求	1. 学生自我评价 2. 课后练习题完成情况 3. 课堂提问		

房地产投资分析决策知识单元教学要求　　　　　　　　　　　　　　　　表 10

单元名称	房地产投资分析决策	最低学时	40 学时
教学目标	1. 了解房地产投资相关的制度、政策和法规 2. 熟悉房地产投资环境分析的方法 3. 掌握房地产投资评价内容和指标体系		
教学内容	知识点 1：制度与法规 知识点 2：投资环境与市场分析 知识点 3：投资评价		
教学方法建议	1. 讲授法 2. 案例分析 3. 多媒体演示法		
考核评价要求	1. 课堂提问 2. 参与课堂讨论与实际案例分析 3. 作业完成质量		

房地产经纪基础知识单元教学要求　　　　　　　　　　　　　　　　表 11

单元名称	房地产经纪基础	最低学时	34 学时
教学目标	1. 了解房地产经纪的发展、房地产经纪机构及经纪人员 2. 熟悉房地产交易价格及相关税费、房地产经纪合同及相关法律文件、房地产经纪风险管理 3. 掌握房地产居间、代理、行纪及其他相关业务		
教学内容	知识点 1：房地产经纪机构与经纪人员 知识点 2：房地产市交易税费和房地产经纪合同 知识点 3：房地产代理和居间业务 知识点 4：经纪信息管理 知识点 5：房地产经纪风险管理		
教学方法建议	1. 情景再现法 2. 多媒体演示法 3. 实操训练		
考核评价要求	1. 课堂讨论表现 2. 模拟销售现场反应与应变能力 3. 房地产经纪实际操作能力		

房地产营销知识单元教学要求　　　　　　　　　　　　　　　　　表 12

单元名称	房地产营销	最低学时	30 学时
教学目标	1. 了解房地产市场的特点和分类 2. 熟悉房地产市场营销环境分析方法、产业结构和竞争策略 3. 掌握各种房地产营销技巧及策划书的编制		

续表

单元名称	房地产营销	最低学时	30 学时
教学内容	知识点 1. 房地产消费者分析 知识点 2. 房地产市场细分和产品定位 知识点 3. 房地产营销策略 知识点 4. 房地产营销方案策划、执行与控制		
教学方法建议	1. 讲授法 2. 案例教学法 3. 多媒体演示法 4. 情景教学法		
考核评价要求	1. 学生自我评价 2. 课后练习题完成情况 3. 课堂提问 4. 营销策划书的编写完成情况		

房地产开发经营与管理知识单元教学要求 表 13

单元名称	房地产开发经营与管理	最低学时	40 学时
教学目标	1. 了解房地产投资及其风险；房地产开发程序与管理；房地产开发项目可行性研究；房地产金融与项目融资 2. 掌握房地产市场及其运行规律；房地产市场调查与分析 3. 掌握现金流量与资金时间价值；经济评价指标与方法；风险分析与决策		
教学内容	知识点 1. 房地产投资及融资 知识点 2. 房地产市场分析及其运行 知识点 3. 房地产经济评价指标及方法 知识点 4. 房地产风险分析及决策 知识点 5. 房地产开发项目可行性研究 知识点 6. 房地产资产管理		
教学方法建议	1. 讲授法 2. 任务驱动法 3. 案例分析法		
考核评价要求	1. 参与课堂讨论与实际案例分析 2. 项目报告编写质量 3. 作业完成情况		

建筑构造与图纸识读知识单元教学要求 表 14

单元名称	建筑构造与图纸识读	最低学时	60 学时
教学目标	1. 了解民用建筑的组成与分类 2. 熟悉民用建筑中基础、墙体等构件构造，工业建筑的组成与分类 3. 掌握钢筋混凝土多层级高层结构类型及构造		

续表

单元名称	建筑构造与图纸识读	最低学时	60 学时
教学内容	知识点 1. 民用建筑构造 知识点 2. 工业建筑构造 知识点 3. 建筑结构组成基本构件 知识点 4. 建筑图纸识读		
教学方法建议	1. 讲授法 2. 多媒体演示法 3. 现场教学法		
考核评价要求	1. 课堂提问 2. 完成给定的案例 3. 根据完成的实习报告，检查学生的学习收获		

房地产测绘知识单元教学要求　　　　　　　　　　　　　表 15

单元名称	房地产测绘	最低学时	28 学时
教学目标	1. 了解测绘仪器基本构造及操作方法、平差的基本原理 2. 熟悉高程测量方法、水平角度测量方法、距离测量的方法，工程施工测量实施步骤及方法，房地产测绘的基本要求及现场实施的注意事项 3. 掌握数据采集与产权产籍图纸绘制		
教学内容	知识点 1. 测绘仪器的使用 知识点 2. 房地产控制测量、要素测量 知识点 3. 数据采集与产权产籍图纸绘制		
教学方法建议	1. 讲授法 2. 多媒体演示法 3. 现场教学法		
考核评价要求	1. 课堂提问 2. 完成给定的案例 3. 根据完成的实习报告，检查学生的学习收获		

建筑工程计量计价知识单元教学要求　　　　　　　　　　　表 16

单元名称	建筑工程计量计价	最低学时	44 学时
教学目标	1. 了解工程量计算依据，预算定额的内容构成 2. 熟悉建筑安装工程费用划分与计算 3. 掌握建筑面积计算规则，建筑工程量计算方法，工程造价编制，工程量清单编制		
教学内容	知识点 1. 建筑工程计量 知识点 2. 建筑工程计价 知识点 3. 工程量清单编制		

续表

单元名称	建筑工程计量计价	最低学时	44 学时
教学方法建议	1. 讲授法 2. 多媒体演示法 3. 案例教学法 4. 小组讨论法		
考核评价要求	1. 课堂提问 2. 完成给定的案例 3. 课后练习题完成情况 4. 学生自我评价 5. 根据学生实训作业完成情况评定		

土地估价知识单元教学要求 表 17

单元名称	土地估价	最低学时	40 学时
教学目标	1. 了解我国的地价体系 2. 熟悉城镇土地的分等定级、城镇地价的动态监测、农用地的分等定级与估价 3. 掌握城镇基准地价的评估、宗地地价的评估、征地综合区片地价的评估与统一年产值的测算		
教学内容	知识点 1. 土地分类 知识点 2. 土地估价方法		
教学方法建议	1. 讲授法 2. 多媒体演示法 3. 案例教学法		
考核评价要求	1. 课堂提问 2. 完成给定的案例 3. 课后练习完成情况 4. 根据学生实训作业完成情况评定		

房地产估价方法应用知识单元教学要求 表 18

单元名称	房地产估价方法应用	最低学时	50 学时
教学目标	1. 了解房地产估价规范、相关法规和制度 2. 熟悉房地产估价行业职业道德 3. 掌握房地产价格评估的基本方法和程序、房地产估价报告的撰写		
教学内容	知识点 1. 房地产估价人员与机构 知识点 2. 房地产估价程序 知识点 3. 房地产估价方法选择 知识点 4. 房地产价格评估与计算 知识点 5. 估价报告的撰写		

续表

单元名称	房地产估价方法应用	最低学时	50 学时
教学方法建议	1. 讲授法 2. 多媒体演示法 3. 项目式教学法 4. 情景模拟教学法		
考核评价要求	1. 课堂提问 2. 完成给定的案例 3. 课后练习完成情况 4. 根据学生实训作业完成情况评定		

房地产估价案例分析知识单元教学要求　　　　　　　　　　　　　　表 19

单元名称	房地产估价案例分析	最低学时	30 学时
教学目标	1. 了解房地产文书写作的相关要求、项目策划及贷款项目评估等咨询顾问服务 2. 熟悉各种类型房地产估价的特点及常用方法 3. 掌握不同目的房地产估价的常用方法及注意事项		
教学内容	知识点 1. 房地产估价常用文书 知识点 2. 不同类型房地产估价案例分析 知识点 3. 不同目的房地产估价案例分析 知识点 4. 房地产咨询顾问服务		
教学方法建议	1. 讲授法 2. 多媒体演示法 3. 项目式教学法 4. 情景模拟教学法		
考核评价要求	1. 课堂提问 2. 完成给定的案例 3. 课后练习完成情况 4. 根据学生实训作业完成情况评定		

房地产投资分析技能单元教学要求　　　　　　　　　　　　　　　　表 20

单元名称	房地产投资分析	最低学时	24 学时
教学目标	专业能力： 1. 掌握房地产经济、房地产统计、房地产会计知识 2. 房地产投资活动的分析评价 方法能力： 1. 市场调查和分析 2. 数据搜集和整理 3. 经济评价和投资分析 社会能力： 1. 公关协调和团队协作 2. 理论联系实际		

续表

单元名称	房地产投资分析	最低学时	24 学时
教学内容	技能点 1. 房地产市场调研 运用所学调研方法采集市场数据 技能点 2. 房地产政策分析 分析房地产项目投资面临的政策 技能点 3. 投资环境与投资评价 综合市场调研、分析结果进行投资环境与投资分析		
教学方法建议	1. 案例教学法 2. 角色扮演法 3. 现场教学法		
教学场所要求	主体在校内实训基地、校内实训室完成，市场调查部分可以在市场调查现场（校外）完成		
考核评价要求	1. 建议根据任务完成情况、成果质量、面试等环节确定总评成绩 2. 对给定项目的投资分析报告质量进行评价		

建筑图纸识读技能单元教学要求　　　　　　　　　　　　　　表 21

单元名称	建筑图纸识读	最低学时	20 学时
教学目标	专业能力： 1. 能够掌握建筑组成的一般知识 2. 能够对建筑构件实物进行图纸绘制 3. 能够识读一般建筑施工图包括构造详图 方法能力： 1. 能够运用基本绘图工具 2. 能够做点、线、平面、曲面等投影 3. 能够分析房屋的基本组成部分 4. 能够读懂建筑图纸并分析应用 社会能力： 1. 能初步学会适应建筑行业的环境 2. 培养学生的计划组织能力和团队协作能力 3. 培养学生的与人沟通和交流的能力		
教学内容	技能点 1. 建筑制图基本知识与技能训练 技能点 2. 投影作图 技能点 3. 房屋建筑施工图的绘制与识读 技能点 4. 结构施工图识读		
教学方法建议	1. 案例教学法 2. 角色扮演法 3. 现场教学法		
教学场所要求	校内实训基地、校内实训室		
考核评价要求	建议根据任务完成情况、成果质量、面试等环节确定总评成绩		

房屋测绘技能单元教学要求 表 22

单元名称	房屋测绘	最低学时	20 学时
教学目标	专业能力： 1. 能够熟练掌握仪器基本构造及操作方法 2. 具备房地产测绘实施的能力 3. 能够进行地形图测绘 方法能力： 1. 能够利用测量仪器进行高程测量，角度测量，距离测量 2. 能够进行房地产现场测量并绘制图纸 3. 能根据建筑施工测量规范，进行工程测量检验 4. 具有组织现场测量的能力 社会能力： 1. 培养学生自主学习新技能的能力，培养学生责任心、能自主完成工作岗位任务 2. 培养学生的分析能力，善于创新和总结经验 3. 能灵活处理工作现场出现的各种特殊情况，具备工作现场协调能力		
教学内容	技能点 1. 水平距离测设与水平角测设 技能点 2. 高程测设与高程传递 技能点 3. 水平面测设与坡度线测设 技能点 4. 测设地面点位方法 技能点 5. 建筑物定位、放线 技能点 6. 面积计算与产权产籍图纸绘制		
教学方法建议	1. 案例教学法 2. 操作演示法 3. 现场教学法		
教学场所要求	校内实训基地、校内实训室		
考核评价要求	1. 建议根据任务完成情况、成果质量、面试等环节确定总评成绩 2. 根据测量记录手稿进行成绩评定 3. 根据房产图绘制情况进行成绩评定		

房地产估价技能单元教学要求 表 23

单元名称	房地产估价	最低学时	22 学时
教学目标	专业能力： 1. 能够根据相关数据资料确定估价技术路线 2. 能够进行一般房地产估价业务的基本操作 3. 能够根据委托合同进行相关数据资料整理 方法能力： 1. 能利用所收集的资料对估价对象进行实物、权益和区位的分析 2. 具备利用相关公式进行计算的能力 3. 具备对计算结果进行检验的能力 社会能力： 1. 具有自主学习新技能的能力，具有责任心、能自主完成工作岗位任务 2. 具有分析能力，善于创新和总结经验 3. 具有一定的合同意识和法律意识 4. 具有良好的团队协作及沟通能力		

续表

单元名称	房地产估价	最低学时	22 学时
教学内容	技能点 1. 市场调查报告编写 技能点 2. 估价方法选择与计算		
教学方法建议	1. 案例教学法 2. 项目教学法 3. 现场教学法		
教学场所要求	主体在校内实训基地、校内实训室完成,市场调查部分可以在市场调查现场(校外)完成		
考核评价要求	建议根据任务完成情况、成果质量、面试等环节确定总评成绩		

房地产估价案例分析技能单元教学要求 表 24

单元名称	房地产估价案例分析	最低学时	18 学时
教学目标	专业能力: 1. 能够编写房地产估价相关文件 2. 能够对房地产估价报告进行审核 3. 能够提供房地产咨询顾问服务 方法能力: 1. 能够对房地产用途进行划分 2. 能够依据不同目的房地产价格评估选择合适的技术路线 社会能力: 1. 培养学生认真做事、细心做事的职业态度 2. 具有分析能力,善于创新和总结经验 3. 培养学生准确表述个人观点、回答问题等语言表达能力		
教学内容	技能点 1. 案例问题分类 技能点 2. 案例问题解决方案		
教学方法建议	1. 案例教学法 2. 分组教学法 3. 行动导向教学法		
教学场所要求	校内实训基地、校内实训室		
考核评价要求	建议根据任务完成情况、成果质量、面试等环节确定总评成绩		

8.2.3 课程体系构建的原则要求

倡导各学校根据自身条件和特色构建校本化的课程体系,因此,只提出课程体系构建的原则要求。

课程教学包括理论教学和实践教学。课程可以按知识/技能领域进行设置,也可以由若干个知识/技能领域构成一门课程,还可以从各知识/技能领域中抽取相关的知识单元组成课程,但最后形成的课程体系应覆盖知识/技能体系的知识单元尤其是核心知识/技能单元。

专业课程体系由核心课程等必修课程和选修课程组成,核心课程应该覆盖知识/技能体系中的全部核心单元。同时，各院校可选择一些选修知识/技能单元和反映学校特色的知识/技能单元构建选修课程。

倡导工学结合、理实一体的课程模式，但实践教学也应形成由基础训练、专项和综合实训、顶岗实习构成的完整体系。

9 专业办学基本条件和教学建议

9.1 专业教学团队

9.1.1 专业带头人

专业带头人数量为 1~2 人，校内专业带头人应具有副教授及以上技术职称，具备一定的行业实践背景。企业专业带头人应长期在房地产估价和经营与管理领域从事相关工作，在房地产估价方面有丰富的专业实践能力和实践经验，在行业内具有一定的知名度。学校专业带头人应具备丰富的教学经验和教学管理经验，对职业教育有深入的研究，能够在专业建设及人才培养模式深化改革方面起到领军的作用。专业带头人的主要工作是：组织行业与企业调研、进行人才需求分析、确定人才培养目标的定位、组织课程开发与建设工作、主持课程体系构建工作、主持相关教学文件的编写、组建教学团队等专业建设。

9.1.2 师资数量

专业师生比不大于 1∶18，专任教师不少于 5 人。

9.1.3 师资水平及结构

专业师资人数应和学生规模相适应，可采取专职教师与兼职教师相结合的办法配置，专业课教师可由本校教师或企业专业技术人员承担。

专职、兼职教师都应具有本科及以上学历，并有一定比例的研究生及以上学历。师资队伍结构合理，专职教师中，高级职称的比例为 50%；兼职教师原则上要求中级及以上职称。

专职教师中，双师素质教师的比例不少于 50%。

校外兼职教师要聘请既有理论又懂操作的房地产相关企业的经营管理和技术人员担任。校外兼职教师应具备五年及以上房地产经营与管理（房地产估价）行业工作经验，具有中级及以上技术职称。为使专业教学更贴近行业或产业领域的最新发展、贴近企业技能应用需求，应逐步提高企业兼职教师承担的专业课程教学学时比例，基本目标是校外兼职教师任课学时时数占专业课总学时数比例为 50% 左右。

9.1.4 校企合作

成立房地产经营与管理专业校企合作专家指导小组。

本专业方向设立校企合作专家指导小组，聘请行业有关专家、学者及企业中有实践经验的经营管理人员，定期对专业定位、课程设置、教学内容、实习实训内容等进行专题论证与审定，并请有关房地产专家不定期进行房地产新知识讲座，保证学生学习知识的前沿性与实用性。

9.2 教学设施

9.2.1 校内实训条件

房地产经营与管理专业（房地产估价方向）校内实训条件要求　　　　表 25

序号	实践教学项目	主要设备、设施名称及数量	实训室（场地）面积（m²）	备注
1	建筑图纸识读	1. 建筑施工图 2. 建筑结构图 10 套（分组使用）	不小于 100m²	
2	房屋测绘	1. 建筑施工图 2. 钢卷尺或皮尺 10 件	不小于 100m²	
3	投资分析报告编写	1. 多媒体展示设备 1 套 2. 电脑 50 台 3. 网络服务器 1 台	不小于 100m²	
4	房地产估价	1. 多媒体展示设备 1 套 2. 电脑 50 台 3. 网络服务器 1 台 4. 数码相机、摄像机 4 部 5. 典型案例资料 10 套（分组使用）	不小于 100m²	
5	房地产估价案例分析	1. 多媒体展示设备 1 套 2. 电脑 50 台 3. 网络服务器 1 台 4. 典型案例资料 30 套	不小于 100m²	
6	房地产估价综合实训	1. 多媒体展示设备 1 套 2. 电脑 50 台 3. 网络服务器 1 台 4. 数码相机 4 部 5. 典型案例资料 30 套 6. 相关图纸、合同资料 30 套	不小于 100m²	
7	房地产市场营销方案策划实训	1. 多媒体展示设备 1 套 2. 电脑 50 台 3. 网络服务器 1 台	不小于 100m²	
8	物业管理方案设计实训	1. 多媒体展示设备 1 套 2. 电脑 50 台 3. 网络服务器 1 台 4. 典型案例资料 10 套	不小于 100m²	
9	房地产经纪实训	1. 各种类型楼盘沙盘 3 个 2. 房地产交易合同范本 10 套 3. 电脑 50 台	不小于 100m²	

注：表中实训设备及场地按一个教学班（40 人左右）同时训练计算，实训场所可兼用。

9.2.2 校外实训基地的基本要求

房地产经营与管理专业（房地产估价方向）校外实训条件要求　　　　表 26

序号	实践教学项目	对校外实训基地的要求	备注
1	房地产营销策划实训	满足专业实践教学和技能训练要求	
2	房地产估价实训	签订实习协议，满足学生顶岗实训半年以上的实训基地	
3	房地产咨询服务实训	签订实习协议，满足学生顶岗实训半年以上的实训基地	

9.2.3 信息网络教学条件

信息网络教学条件包括网络教学软件条件和网络教学硬件条件。网络教学软件条件指各种工程相关软件，网络教学硬件条件指校园网络建设、覆盖面和网络教学设备等。

建成 20M 主干和 1M 到桌面的校园网（建议按数字化校园标准建设），校园网以宽带接入方式连接互联网进入所有办公室和教室；理论课教室、实验室均应配置多媒体设备；教学用计算机每 10 名学生拥有 1 台以上。

9.3 教材及图书、数字化（网络）资料等学习资源

教材、图书及数字化资料配备不低于教育部规定的办学要求。

有相关的图书馆、阅览室。图书资料包括：法规、政策和规范、规程，专业书籍与刊物以及有关教学文件，并不断充实更新。

9.3.1 教材

教学采用的教材原则上应使用高职高专类教材，优先选用省部级高职高专规划教材和国家精品课程教材，鼓励教师采用与行业实际和行业标准规范贴近的教材，鼓励教师使用数字化教材以丰富课内外教学资源。

配备行业法规、政策和规范文件。储备现行的正在实施的房地产开发经营与管理方面的法律、法规，房地产有关国家标准及行业标准，以及相关的技术规范、国家和当地政府部门发布的房地产有关政策文件资料。

9.3.2 图书及数字化资料

图书馆专业书籍藏书量要与学生规模相当，学生人均图书不少于 60 本，其中专业书籍总数不少于 300 本，专业书籍种类不少于 15 种，各种房地产期刊不少于 10 种。

数字化资源的使用原则是以优质数字化资源建设为载体，以课程为主要表现形式，以素材资源为补充，利用网络学习平台建设共享性教学资源库。资源库建设内容应涵盖学历教育与职业培训。专业教学软件包应包括：试题库、案例库、课件库、专业教学素材库、教学录像库等。通过专业教学网站登载，从而构建共享型专业学习软件包，为网络学习、函授学习、终身学习、学生自主学习提供条件，实现校内、校外资源共享。

按学生数量配备电化教学教室，教学用的电脑能满足教学需要。有多媒体教学资料，有一定数量专业教学软件、三维影视教学资料，并不断更新。逐步配备房地产开发和服务

方面的相关软件，以满足教学需要。鼓励教师充分运用数字化教学手段帮助学生紧密追踪行业发展轨迹，并逐渐掌握行业常用软件使用方法。

9.4 教学方法、手段与教学组织形式建议

建立信息化教学为主线的一体化教学条件体系，教学方法与手段要围绕基层岗位技能与素质要求进行，逐步形成模拟实践教学为主线的教学方法体系。倡导理、实一体化教学方法，整合专业理论课与专业实践课的教学环节。采用互动式教学方法与手段，设计应以学生为导向，针对高职院校生源多样性、学生水平参差不齐的实际情况，避免传统填鸭式教学，做到边教、边学、边做。要根据学生特点，激发学生学习兴趣，做到因材施教，寓教于乐。不断深化教学改革，围绕技术技能型人才的培养目标，积极探索实行"任务驱动"、"项目导向"等多种形式的"做中学、做中教"教学模式。旨在加强学生实践操作能力的实验、学习、实训课时数要占教学课时数的百分之五十。

9.5 教学评价、考核建议

技能单元考核内容和评价标准应体现房地产企业对相关职业岗位的技能和素质要求。要形成技能考核为主线的开放式全程化考核体系，考核内容紧密贴近岗位实际需求，倡导开放性和多元性答案。

建立全程化考核的教学评价体系，考核突出能力标准，体现对学生综合素质的考察，积极组织吸纳更多房地产企业和社会有关方面参与对学生潜在职业能力的考核评价。

改革传统考核方式，多渠道多途径多层次考评学生。具体可依据课程性质和实际情况从以下5个层面考核评价学生：（1）平时成绩（包括①作业②出勤③课堂表现④实际问题解决⑤团队协作与沟通）；（2）考试成绩；（3）实习、实训成绩；（4）技能证书获取或政府和行业鉴定成绩；（5）企业、社会对学生的评价。

9.6 教学管理

加强各项教学管理规章制度建设，形成教学管理文件规范体系。

建立本专业方向基本教学要求实施各环节的专业教学质量保证体系，专业教学质量保证体系包括教学实施规范与质量监控措施两大部分，以保障专业人才培养方案实施质量与教学效果。

教学实施可由三层机构负责：第一层是专业建设指导委员会指导下的教学管理层，负责教学管理制度、教学实施流程、质量监控措施的制定及重大问题的决策和协调；第二层是由教学管理办公室和专业教研室组成，在主管教学主任的领导下，组织专业人才培养方案的实施、教学任务的落实及教学运行全过程的质量监控；第三层机构是教学团队，是专业人才培养的基层实施主体。

教学质量监控的主体可由学校教学督导部门和系教学主管人员直接领导的教学督导室、学生信息站、教学信息员组成。

针对高职院校生源不同的特点,实行人才定制和弹性培养模式,在教学管理中推广学习环节模块弹性制和课程考核学分制。

9.6.1 部分课程实行分层教学

应根据学生生源的不同以及文化基础差异,在教学中对于部分课程实行分层教学,即根据实际情况设计不同层次的教学目标和教学要求,采用不同形式教学方法,以达到因材施教的目的。在部分公共基础课、专业基础课和专业课中采取分层、分班教学法。如计算机应用基础课可根据学生进校后测试情况,采用不同的教学学时和培养方案。英语根据考试成绩和入学测试,分层次教学。

9.6.2 教学考核采用不同的要求

根据学生生源不同,学生能力不同,特别是有少数民族班,基础与内地教学要求明显不同的院校,应在实际教学中,对于少数民族学生采取不同的考核要求。

9.6.3 采用弹性学制

由于高职院校学生生源多样,不同类型和层次的学生很难在相同的时间内完成规定的学业,弹性学制可以使部分学生在宽松的时间里完成学业。

10 继续学习深造建议

房地产市场受宏观经济环境变化的影响较大,要突出学生自我学习、自我提高能力的培养,旨在提高其就业适应性。学生毕业后继续深造学习的途径包括:

(1) 通过专升本进入房地产或其他经济管理类本科专业学习;

(2) 从事本专业工作一定年限后参加全国房地产类相关考核,获取相应技能和从业资格证书。

(3) 获取房地产相关行业其他职业资格证书。

附录 1

房地产经营与管理专业（房地产估价方向）教学基本要求实施示例

1 构建课程体系的架构与说明

本专业的课程设置紧密适应房地产行业岗位技能需求,广泛采用"工作过程导向"的课程开发模式。按照专业培养目标的要求,依据行业特点和岗位职业资格标准确定学生应具备的知识、能力和技能。以知识、能力、素质培养为主线,按照房地产经营与管理专业(房地产估价方向)领域相关工作过程和职业人才成长规律构建课程体系。

本专业课程体系按照本教学基本要求中的 5.2 初始就业岗位群和 5.3 发展或晋升岗位群所必须具备的能力来设置相应的课程知识体系,本专业的课程知识体系涵盖:★房地产基本制度与政策、管理学基础、房地产经济基础、建筑工程基础、建筑工程计量与计价、房地产统计、房地产测绘、城市规划、房地产开发经营与管理、★房地产投资分析、★土地估价、★房地产估价理论与方法、房地产经纪实务、房地产营销策划、房地产项目管理、房地产估价案例分析等课程。

按照初始就业岗位群的主要就业岗位和发展或晋升岗位群的主要发展岗位所要求具备的能力来确定核心课程。房地产经营与管理专业(房地产估价方向)主要初始就业岗位是房地产估价员、房地产投资分析员、房地产市场调研员、销售顾问、置业顾问等,其主要发展岗位为房地产估价师、房地产投资咨询师等,本专业知识的核心课程有:房地产基本制度与政策、房地产投资分析、土地估价、房地产估价理论与方法,核心课程以外的为专业基础课程、一般专业课程、选修课程,各院校可根据各地实际情况和学校特色选择与核心课程适配的前导和后续发展的专业课程。

房地产经营与管理专业(房地产估价方向)职业岗位、职业核心能力与课程对应表　　附表1

序号	职业岗位	岗位核心能力	对应课程
1	房地产估价员	房地产估价实操能力	(1) 房地产测绘 (2) 建筑识图与构造 (3) ★土地估价 (4) ★房地产估价理论与方法 (5) 房地产估价案例分析
2	市场调研员	市场调研能力	(1) ★房地产基本制度与政策 (2) 房地产经济基础 (3) 房地产统计
3	房地产投资分析员	投资分析能力	(1) ★房地产基本制度与政策 (2) 房地产经济基础 (3) 房地产开发经营与管理 (4) 房地产企业会计 (5) ★房地产投资分析

续表

序号	职业岗位	岗位核心能力	对应课程
4	置业顾问	市场营销能力	（1）管理学基础 （2）房地产项目管理 （3）城市规划 （4）房地产经纪实务 （5）房地产营销策划
5	销售顾问	营销策划和协调能力	（1）管理学基础 （2）建筑识图与构造 （3）BIM应用基础 （4）房地产项目管理 （5）城市规划 （6）房地产经纪实务 （7）房地产营销策划

注：标注★的课程为专业核心课程。

2 专业核心课程简介

房地产基本制度与政策课程简介　　　　附表2

课程名称	房地产基本制度与政策	学时	理论50学时 实践14学时
教学目标	专业能力：知识掌握能力 1. 了解房地产、房地产业 2. 熟悉房地产法律体系 3. 掌握房地产业发展主导政策与制度 方法能力：素质能力 1. 能根据房地产制度和相关政策法规分析房地产发展的外部环境 2. 能利用相关法规进行实际案例分析 社会能力：实践能力 1. 政策解读 2. 处理一般房地产法律纠纷		
教学内容	单元1. 房地产法律法规概述 1. 房地产和房地产业 2. 我国房地产法律制度发展历程 3. 房地产法律体系 单元2. 房地产权益 1. 房地产所有权 2. 土地所有权 3. 房屋所有权 单元3. 建设用地法律制度 1. 土地征收 2. 土地使用权取得		

续表

课程名称	房地产基本制度与政策	学时	理论 50 学时 实践 14 学时
教学内容	3. 闲置土地的处理 单元 4. 国有土地上房屋征收与补偿法律制度 1. 国有土地上房屋征收与补偿 2. 国有土地上房屋征收的补偿 3. 国有土地上房屋征收的估价 4. 国有土地上房屋征收纠纷的处理 5. 国有土地上房屋征收的法律责任 单元 5. 房地产开发建设法律制度 1. 房地产开发企业管理 2. 房地产开发规划管理 3. 房地产开发建设管理 单元 6. 房地产交易管理法律制度 1. 房地产交易概述 2. 房地产转让管理 3. 商品房销售管理 4. 房屋租赁管理 5. 房地产抵押管理 单元 7. 房地产权属登记法律制度 1. 房地产权属登记概述 2. 土地登记制度 3. 房屋权属登记制度 单元 8. 房地产税收法律制度 1. 房地产税收制度概述 2. 几种具体的房地产税 3. 有关房地产税收的优惠政策 单元 9. 房地产中介服务管理法律制度 1. 房地产中介服务概述 2. 房地产咨询 3. 房地产价格评估 4. 房地产经纪 单元 10. 住房公积金法律制度 1. 住房公积金法律制度概述 2. 住房公积金管理制度的运作模式 3. 住房公积金贷款 单元 11. 物业管理法律制度 1. 物业管理概述 2. 物业服务企业 3. 业主、业主大会和业委员会 4. 物业服务合同 5. 建筑物区分所有权 6. 住宅专项维修资金 单元 12. 房地产纠纷处理法律制度 1. 房地产纠纷概述 2. 房地产纠纷的协商和调解 3. 房地产纠纷的仲裁 4. 房地产纠纷的诉讼		

续表

课程名称	房地产基本制度与政策	学时	理论 50 学时 实践 14 学时
实训项目及内容	实训项目 1. 房地产土地权属制度案例分析 针对当前国有土地征收、权属划分案例进行分析并给出合理解决方案 实训项目 2. 房地产税收制度解读 查阅相关税收制度在各地的执行情况，分析税制改革对房地产业的影响 实训项目 3. 房地产法律纠纷案例分析 针对当前房地产领域一些典型纠纷作出合理分析、给出解决方案		
教学方法建议	1. 讲授法 2. 小组讨论法 3. 多媒体演示法		
考核评价要求	1. 学生自我评价 2. 参与课堂讨论与实际案例分析 3. 课堂提问		

房地产投资分析课程简介　　　　　　　　　　　　　　　　　　　　附表 3

课程名称	房地产投资分析	学时	理论 40 学时 实践 24 学时
教学目标	专业能力：知识掌握能力 1. 了解房地产投资分析基本概念与内容 2. 熟悉房地产投资环境与市场分析 方法能力：素质能力 1. 能够熟练应用经济评价指标进行投资分析 2. 能够对典型的房地产投资项目进行经济评价 3. 能够较规范的完成房地产投资分析报告 社会能力：实践能力 1. 通过投资分析与预测，培养学生对实际项目的考察及理论联系实际能力 2. 划分学习小组，进行角色扮演，培养学生发现问题、解决问题的能力及协调沟通能力		
教学内容	单元 1. 房地产投资分析基本概念与内容 1. 房地产投资的概念与类型 2. 房地产投资分析与决策 3. 房地产投资决策分析的基本问题 单元 2. 房地产投资决策分析基本原理 1. 资金时间价值的概念 2. 资金等值计算 3. 房地产市场四象限模型 4. 资本资产定价模型 单元 3. 房地产投资环境与市场分析 1. 房地产投资环境分析要素 2. 房地产投资环境影响评价 3. 房地产市场调查 4. 房地产市场预测 单元 4. 房地产投资产品定位策划		

续表

课程名称	房地产投资分析	学时	理论 40 学时 实践 24 学时
教学内容	1. 房地产投资策划 2. 房地产产品定位 3. 房地产产品定位分析 单元 5. 房地产投资区位条件分析 1. 区位与房地产价值 2. 房地产投资项目区位分析 3. 不同类型房地产区位分析 单元 6. 房地产投资基础数据估算分析 1. 房地产投资与成本估算 2. 房地产融资方案与资金成本分析 3. 房地产投资项目收入、税费估算 单元 7. 房地产投资财务分析 1. 房地产投资财务分析概述 2. 财务分析报表的编制 3. 静态分析指标计算 4. 动态分析指标计算 单元 8. 房地产投资不确定性与风险分析 1. 盈亏平衡分析 2. 敏感性分析 3. 概率分析 单元 9. 房地产投资案例分析 1. 租售房地产开发项目案例分析 2. 房地产投资可行性研究 3. 房地产买卖投资分析 4. 房地产租赁投资分析 5. 房地产置业出租经营投资分析		
实训项目及内容	实训项目 1. 房地产市场调研 选择调查对象、确定调查内容、制定调查方案、有效进行市场调查并得出调查结论 实训项目 2. 房地产基本财务报表编制 收集、整理基础数据并编写相应报表、根据报表进行相关指标计算、得出结论性意见 实训项目 3. 投资分析报告的编写 设计投资分析报告框架、熟练掌握报告的基本格式及内容编排、可以使用计算机相关软件进行报告编写、排版、打印输出等		
教学方法建议	1. 讲授法 2. 案例教学法 3. 多媒体演示法 4. 小组讨论法		
考核评价要求	1. 学生自我评价 2. 课后练习题完成情况 3. 课堂提问 4. 案例分析		

土地估价课程简介　　　　　　　附表 4

课程名称	土地估价	学时	理论 40 学时 实践 24 学时
教学目标	专业能力：知识掌握能力 1. 了解我国的地价体系； 2. 熟悉城镇土地的分等定级、城镇地价的动态监测、农用地的分等定级与估价。 方法能力：素质能力 1. 能够进行城镇基准地价的评估、宗地地价的评估； 2. 能够进行征地综合区片地价的评估与统一年产值的测算。 3. 土地估价报告的编制 社会能力：实践能力 1. 具有良好的职业道德和自我学习的能力		
教学内容	单元 1. 我国的地价体系 1. 城镇地价体系 2. 农用地地价体系 3. 农用地转用中地价的评估 4. 宗地地价的评估 单元 2. 城镇土地的分等定级 1. 城镇土地的分等 2. 城镇土地的定级 单元 3. 城镇基准地价的评估 1. 基准地价评估的评估 2. 路线价的评估 单元 4. 宗地地价的评估 1. 宗地地价评估的基本方法 2. 不同用途下地价的评估 3. 不同目的土地价格的评估 4. 宗地评估报告		
实训项目及内容	实训项目 1. 估价方法选择与计算 合理分析估价对象的类型、选择合适的估价技术路线、运用数学模型进行价格测算、对计算结果进行检验 实训项目 2. 土地估价报告编制 根据既定估价对象，按照估价报告的格式，编写估价报告		
教学方法建议	1. 讲授法 2. 多媒体演示法 3. 案例教学法		
考核评价要求	1. 课堂提问 2. 完成给定的案例 3. 课后练习完成情况 4. 根据学生实训作业完成情况评定		

房地产估价理论与方法课程简介

附表 5

课程名称	房地产估价理论与方法	学时	理论 50 学时 实践 22 学时
教学目标	专业能力：知识掌握能力 1. 根据相关数据资料确定估价技术路线 2. 进行一般房地产估价业务的基本操作 3. 根据委托合同进行相关数据资料整理 方法能力：素质能力 1. 能利用所收集的资料对估价对象进行实物、权益和区位的分析 2. 具备利用相关公式进行计算的能力 3. 具备对计算结果进行检验的能力 社会能力：实践能力 1. 具有自主学习新技能的能力，具有责任心、能自主完成工作岗位任务 2. 具有分析能力，善于创新和总结经验 3. 具有一定的合同意识和法律意识 4. 具有良好的团队协作及沟通能力		
教学内容	单元 1. 房地产估价概述 1. 房地产的概念与特征 2. 房地产估价的基础知识 3. 房地产价格 4. 房地产估价基本原则 单元 2. 房地产估价程序 1. 房地产估价业务的申请与受理 2. 房地产估价准备工作 3. 查看现场 4. 资料的整理和分析 5. 估价报告的撰写 6. 估价报告的审核 单元 3. 居住房地产估价 1. 居住房地产特征 2. 市场比较法 3. 成本法 单元 4. 商业房地产估价 1. 商业房地产特征 2. 收益法 单元 5. 可开发利用的房地产估价 1. 可开发利用房地产特征 2. 假设开发法 单元 6. 价格明显波动房地产估价 1. 价格变动趋势 2. 长期趋势法		
实训项目及内容	实训项目 1. 市场调查报告编写 　根据项目具体情况编制调查计划、进行可比实例的搜集、市场价格调查、建筑材料调查、编写市场调查报告 实训项目 2. 估价方法选择与计算 　合理分析估价对象的类型、选择合适的估价技术路线、运用数学模型进行价格测算、对计算结果进行检验 实训项目 3. 房地产估价报告编制 　根据既定估价对象，按照估价报告的格式，编写估价报告		

续表

课程名称	房地产估价理论与方法	学时	理论 50 学时 实践 22 学时
教学方法 建议	1. 讲授法 2. 多媒体演示法 3. 项目式教学法 4. 情景模拟教学法		
考核评价 要求	1. 课堂提问 2. 完成给定的案例 3. 课后练习完成情况 4. 根据学生实训作业完成情况评定		

3 教学进程安排及说明

3.1 专业教学进程安排（按校内 5 学期安排）

房地产经营与管理专业（房地产估价方向）教学进程安排　　　附表 6

课程 类别	序号	课程名称	学时			课程按学期安排					
			理论	实践	合计	一	二	三	四	五	六
		一、文化基础课									
必修课	1	军事理论	32	0	32	√					
	2	毛泽东思想和中国特色社会主义理论体系概论	64	0	64	√					
	3	经济数学	64	0	64	√	√				
	4	英语	128	0	128	√	√				
	5	大学生职业生涯规划	24	8	32	√					
	6	健康教育	24	0	24	√					
	7	思想道德修养与法律基础	48	0	48		√				
	8	体育	30	66	96	√	√	√			
	9	计算机应用基础	32	32	64	√					
	10	形势与政策	16	0	16				√		
	11	应用文写作	32	0	32				√		
	12	创新创业理论与实践	20	12	32				√		
		小计	514	118	632						
		二、专业课									
	13	房地产基本制度与政策★	50	14	64	√					
	14	管理学基础	34	14	48	√					
	15	房地产经济基础	34	14	48		√				

95

续表

课程类别	序号	课程名称	学时			课程按学期安排					
			理论	实践	合计	一	二	三	四	五	六
必修课	16	建筑工程基础	80	48	128		√				
	17	房地产企业会计	34	14	48			√			
	18	建筑工程计量与计价	44	20	64			√			
	19	房地产统计	34	14	48			√			
	20	房地产测绘	28	20	48			√			
	21	城市规划	34	14	48			√			
	22	房地产开发经营与管理	40	24	64			√			
	23	房地产投资分析★	40	24	64			√			
	24	土地估价★	40	24	64				√		
	25	房地产估价理论与方法★	50	22	72				√		
	26	房地产经纪实务	34	14	48				√		
	27	房地产营销策划	30	18	48				√		
	28	房地产项目管理	30	18	48				√		
	29	房地产估价案例分析	30	18	48				√		
	30	房地产估价综合实训	0	200	200					√	
		小计	666	534	1200						
		三、限选课									
选修课	31	建筑文化	20	12	32		√				
	32	公共关系与礼仪	20	12	32		√				
	33	物业管理实务	20	12	32			√			
	34	BIM应用基础	20	12	32				√		
		小计	80	48	128						
		四、任选课									
		小计									
毕业环节		五、毕业环节									
	35	顶岗实习	0	750	750					√	√
		小计	0	750	750						
合计			1260	1450	2710						

注：1. 标注★的课程为专业核心课程；

2. 必修课除核心课程外各校可根据教育部和当地教育行政部门相关要求结合本校实际情况进行适当地整合调整。

3. 选修课各校根据实际情况选择开设。

3.2 实践教学安排

房地产经营与管理专业（房地产估价方向）实践教学安排　　　　附表7

序号	项目名称	对应课程	教学内容	学时	按学期安排					
					一	二	三	四	五	六
1	房地产估价综合实训（校内）	1. 建筑识图与构造 2. 房地产测绘 3. 房地产投资分析 4. 房地产估价理论与方法 5. 土地估价 6. 房地产案例	1. 识读两个以上工程的完整建筑施工图和结构施工图 2. 利用相关仪器设备测绘一个以上项目 3. 编制基本财务报表、计算相应指标、编制完整投资分析报告 4. 利用相关方法对一或两个估价项目进行市场调查、分析并选择合适的估价方法进行估价 5. 对历史案例进行实质性分析并得出结论性意见	200					√	
2	顶岗实习（校外实训基地或实习单位）	1. 建筑工程基础 2. 房地产测绘 3. 房地产投资分析 4. 房地产估价理论与方法 5. 土地估价 6. 房地产案例 7. 房地产开发经营	1. 建筑工程识图 2. 房地产开发项目管理 3. 房地产营销策划与销售 4. 房地产经纪实操 5. 房地产估价报告编制实操 6. 房地产估价案例分析 7. 房地产网络营销	750					√	√
		合计		950						

注：每周按25学时计算。

3.3 教学安排说明

独立的实践性教学环节从第五学期集中开设，安排在校内结合校外进行，也可全部安排在合作企业内完成。

实践内容涵盖：建筑图纸识读、房屋测绘、投资分析报告编写、房地产估价实训、房地产估价案例分析实训、房地产估价综合实训、顶岗实习等。

独立实践性教学环节的教学目标是：熟悉建筑基本结构，掌握房地产测绘、房地产投资分析、土地估价、房地产估价各个工作过程的技术，掌握各种房地产文书编制技巧。

实行学分制的学校，修业年限可为2～6年。

课程学分：视课程程度和重要性每16～20学时计1学分，实践课每周计1学分。

毕业总学分150学分左右。

附录 2

高等职业教育房地产经营与管理专业（房地产估价方向）校内实训及校内实训基地建设导则

1 总　　则

1.0.1 为了加强和指导高等职业教育房地产经营与管理专业（房地产估价方向）校内实训教学和实训基地建设，强化学生实践能力，提高人才培养质量，特制定本导则。

1.0.2 本导则依据房地产经营与管理专业（房地产估价方向）学生的专业能力和知识的基本要求制定，是《高等职业教育房地产经营与管理专业教学基本要求》的重要组成部分。

1.0.3 本导则适用于房地产经营与管理专业（房地产估价方向）校内实训教学和实训基地建设。

1.0.4 本专业校内实训应与校外实训相互衔接，实训基地应与其他相关专业及课程的实训实现资源共享。

1.0.5 房地产经营与管理专业（房地产估价方向）校内实训教学和实训基地建设，除应符合本导则外，尚应符合国家现行标准、政策的有关规定。

2 术　　语

2.0.1 实训

在学校控制状态下，按照人才培养规律与目标，对学生进行职业能力训练的教学过程。

2.0.2 基本实训项目

与专业培养目标联系紧密，应当开设，且学生必须在校内完成的职业能力训练项目。

2.0.3 选择实训项目

与专业培养目标联系紧密，应当开设，但可根据学校实际情况选择在校内或校外完成的职业能力训练项目。

2.0.4 拓展实训项目

与专业培养目标相联系，体现学校和专业发展特色，可在学校开展的职业能力训练项目。

2.0.5 实训基地

实训教学实施的场所，包括校内实训基地和校外实习基地。

2.0.6 共享性实训基地

与其他院校、专业、课程共用的实训基地。

2.0.7 理、实一体化教学法

即理论、实践一体化教学法，将专业理论课与专业实践课的教学环节进行整合，通过设定的教学任务,实现边教、边学、边做。

3 校内实训教学

3.1 一般规定

3.1.1 房地产经营与管理专业(房地产估价方向)必须开设本导则规定的基本实训项目,且应在校内完成。

3.1.2 房地产经营与管理专业(房地产估价方向)应开设本导则规定的选择实训项目,且宜在校内完成。

3.1.3 学校可根据本校专业特色,选择开设拓展实训项目。

3.1.4 实训项目的训练环境宜符合房地产经营与管理(房地产估价方向)领域的真实环境。

3.1.5 本章所列实训项目,可根据学校所采用的课程模式、教学模式和实训教学条件,采取理、实一体化教学训练;可按单个项目开展训练或多个项目综合开展训练。

3.2 基本实训项目

3.2.1 房地产经营与管理专业(房地产估价方向)的基本实训项目应符合表3.2.1的要求。

基本实训项目主要包括:建筑图纸识读、房屋测绘、投资分析报告编写、房地产估价实训、房地产估价案例分析实训、房地产估价综合实训等6项。

房地产经营与管理专业(房地产估价方向)基本实训项目　　表3.2.1

序号	实训项目	能力目标	实训内容	实训方式	评价要求
1	建筑图纸识读	能够掌握建筑组成的一般知识,运用基本绘图工具对建筑构件实物进行图纸绘制,识读一般建筑施工图包括构造详图	房屋建筑图的绘制与识读	教师指导分组实训	建议根据任务完成情况、成果质量、面试等环节确定总评成绩
2	房屋测绘	能够熟练掌握仪器基本构造及操作方法,进行项目测量并进行面积计算	根据已知水准点的高程,测量其他水准点的高程;通过测角和量距,求出各导线点的坐标;房地产面积测量	教师指导分组实训	建议根据任务完成情况、成果质量等环节确定总评成绩;也可根据测量记录手稿进行成绩评定;还可根据房产图绘情况进行成绩评定
3	投资分析报告编写	能够熟练应用经济评价指标进行投资分析;对典型的房地产投资项目进行经济评价;能够较规范的完成房地产投资分析报告	房地产市场调研,房地产基本财务报表编制,投资分析报告的编写	给定项目资料,划分实训小组,教师指导	建议根据任务完成情况、成果质量、成果展示等环节确定总评成绩

101

续表

序号	实训项目	能力目标	实训内容	实训方式	评价要求
4	房地产估价	能够根据相关数据资料确定估价技术路线；能利用所收集的资料对估价对象进行实物、权益和区位的分析；能够根据委托合同进行相关数据资料整理；利用相关公式进行计算和检验的能力	市场调查报告编写；估价方法选择与计算	教师指导分组实训	建议根据任务完成情况、成果质量、面试等环节确定总评成绩
5	房地产估价案例分析	能够编写房地产估价相关文件并对房地产估价报告进行审核和提供房地产咨询顾问服务	案例问题分类和案例问题解决方案	情景模拟教师指导学生演练	根据实训过程、实训完成时间、实训作业、团队协作精神和实训成果演示综合进行评定
6	房地产估价综合实训	能够主动搜集所需各种资料并进行房地产估价业务的基本操作；能够利用相关软件编写估价报告	对估价对象进行合理分析、进行市场调查、确定技术路线、进行价格评估、编写估价报告	教师指导现场调研分组实训分析结果	根据任务完成情况，通过面试考核整合学生成果等方式综合评定

3.3 选择实训项目

3.3.1 房地产经营与管理专业（房地产估价方向）的选择实训项目应符合表3.3.1的要求。

选择实训项目主要包括：房地产市场营销方案策划实训、物业管理方案设计实训、房地产经纪实训等3项。

房地产经营与管理专业（房地产估价方向）选择实训项目　　表3.3.1

序号	实训项目	能力目标	实训内容	实训方式	评价要求
1	房地产市场营销方案策划实训	能够编写房地产市场调查问卷和营销调研报告，能够进行房产展会营销和网上营销、房地产广告营销，能够编写房地产营销策划书进行楼盘销讲、新房预售等操作	房地产宏、微观市场调研，在资料收集和整理分析的基础上撰写分析报告，编制营销环境调查问卷、编制营销策划书；沙盘模拟新房预售、销售	教师指导分组实训沙盘模拟	根据实训过程、实训完成时间、团队协作及实训成果进行评价
2	物业管理方案设计实训	能够编制不同类型物业项目的物业管理方案	根据物业管理方案的构成，编写既定项目的物业管理方案	给定物业基本资料分组设计公约和编制物业管理招标书	根据实训过程、实训完成时间、团队协作情况进行综合评价

续表

序号	实训项目	能力目标	实训内容	实训方式	评价要求
3	房地产经纪实训	能够熟悉房地产经纪业务的基本类型和流程，区分房地产经纪合同的种类，辨析房地产委托合同与房地产居间合同的区别，熟练使用房地产经纪业务的常用技巧	模拟操作房地产经纪业务中的居间、代理、行纪等编制、二手房的房屋买卖和租赁合同书	给定经纪对象条件下分组进行经纪业务流程演示、独立完成合同书编制	根据实训过程、实训完成时间、团队协作及实训成果进行综合评价

3.4 拓展实训项目

3.4.1 房地产经营与管理专业（房地产估价方向）可根据本校专业特色自主开设拓展实训项目。

3.4.2 房地产经营与管理专业（房地产估价方向）开设拓展实训项目时，其能力目标、实训内容、实训方式、评价要求宜符合表 3.4.1 的要求。

拓展实训项目主要包括：BIM 应用实训、工程造价编制实训、装饰材料识别实训、房地产开发项目招标投标实训等 4 项。

房地产经营与管理专业（房地产估价方向）拓展实训项目　　　表 3.4.1

序号	实训项目	能力目标	实训内容	实训方式	评价要求
1	BIM 应用实训	能够利用相关软件建立信息模型	软件模拟及模型创建	上机操作教师指导	根据已建模型的信息化程度进行评价
2	工程造价编制实训	能基本进行建筑工程计量与计价的基本操作	确定给定项目的工程造价	分析图纸独立计算教师指导	根据实训过程和成果进行评价
3	装饰材料识别实训	能基本认识辨别各种建筑装饰材料的材质和质量等级	装饰材料识别	分组鉴别材料品级	根据实训过程、实训完成时间、投资分析报告质量、团队协作情况进行综合评价
4	房地产开发项目招标投标实训	能够根据建设项目招投标的基本法规、招投标流程编制简单的建设项目招投标书	编制建设项目招投标书	教师指导分组编制	根据实训过程、实训完成时间、招投标书质量、团队协作情况进行评价

3.5 实训教学管理

3.5.1 各院校应将实训教学项目列入专业培养方案，所开设的实训项目应符合本导则要求。

3.5.2 每个实训项目应有独立的教学大纲或教学标准及考核标准。
3.5.3 学生的实训成绩应在学生学业评价中占一定的比例,独立开设且实训时间1周及以上的实训项目,应单独记载成绩。

4 校内实训基地

4.1 一般规定

4.1.1 校内实训基地的建设,应符合下列原则和要求:
  1. 因地制宜、开拓创新,具有实用性、先进性和效益性,满足学生职业能力培养的需要;
  2. 实训用设备应优先选用工程用设备。
4.1.2 各院校应根据学校区位、行业和专业特点,积极开展校企合作,探索共同建设校内实训基地的有效途径,积极探索虚拟工作环境等实训新手段。
4.1.3 各院校应根据学校、区域、专业以及企业布局情况,统筹规划、建设共享型实训基地,努力实现实训资源共享,发挥实训基地在实训教学、企业培训、技术研发等多方面的作用。

4.2 校内实训基地建设

4.2.1 基本实训项目的实训设备(设施)和实训室(场地)是开设本专业的基本条件,各院校应达到本节要求。
  选择实训项目、拓展实训项目在校内完成时,其实训设备(设施)和实训室(场地)应符合本节要求。
4.2.2 房地产经营与管理专业(房地产估价方向)校内实训基地的场地最小面积、主要设备(设施)名称及数量应符合表4.2.1的要求。
  注:本导则按照1个教学班实训计算实训设备(设施)。

房地产经营与管理(房地产估价)实训设备配置标准 表 4.2.1

序号	实训任务	实训类别	主要实训设备名称	单位	数量	实训室(场地)面积(m²)
1	建筑图纸识读	基本实训项目	建筑施工图、建筑结构图	套	10	不小于100m²
2	房屋测绘	基本实训项目	建筑施工图	套	10	不小于100m²
			钢卷尺或皮尺	件	10	
			全站仪及三脚架	件	10	
3	投资分析报告编写	基本实训项目	多媒体展示设备	套	1	不小于100m²
			电脑	台	50	
			网络服务器	台	1	

续表

序号	实训任务	实训类别	主要实训设备名称	单位	数量	实训室（场地）面积（m²）
4	房地产估价实训	基本实训项目	多媒体展示设备	套	1	不小于100m²
			网络服务器	台	1	
			数码相机、摄像机	部	4	
			典型案例资料（分组使用）	套	10	
			电脑	台	50	
5	房地产估价案例分析实训	基本实训项目	多媒体展示设备	套	1	不小于100m²
			电脑	台	50	
			网络服务器	台	1	
			典型案例资料（分组使用）	套	30	
6	房地产估价综合实训	基本实训项目	多媒体展示设备	套	1	不小于100m²
			电脑	台	50	
			网络服务器	台	1	
			数码相机、摄像机	部	4	
			典型案例资料（分组使用）	套	30	
			相关图纸、合同资料	套	30	
7	房地产市场营销策划方案实训	选择实训项目	多媒体展示设备	套	1	不小于100m²
			电脑	台	50	
			网络服务器	台	1	
8	物业管理方案设计实训	选择实训项目	多媒体展示设备	套	1	不小于100m²
			电脑	台	50	
			网络服务器	台	1	
			典型案例资料（分组使用）	套	10	
9	房地产经纪实训	选择实训项目	各种类型楼盘沙盘	个	3	不小于100m²
			房地产交易合同范本	套	10	
			电脑	台	50	
10	BIM应用实训	拓展实训项目	多媒体展示设备	套	1	不小于100m²
			电脑	台	50	
			网络服务器	台	1	
			建模相关软件	套	1	
11	工程造价编制实训	拓展实训项目	建筑施工图、结构施工图、设计变更、签证等资料	套	50	不小于70m²
12	装饰材料识别实训	拓展实训项目	墙砖、地砖、壁纸、地板、线条、隔板等装饰材料样板	—	若干	不小于100m²
13	房地产开发项目招标投标实训	拓展实训项目	建筑施工图、结构施工图等图纸	套	50	不小于100m²
			电脑	台	50	
			工程管理软件（网络版）	套	1	

注：表中实训设备及场地按一个教学班同时训练计算，实训场地可兼用。

4.3 校内实训基地运行管理

4.3.1 学校应设置校内实训基地管理机构,对实践教学资源进行统一规划,有效使用。

4.3.2 校内实训基地应配备适当数量的专职管理人员,负责日常管理。

4.3.3 学校应建立并不断完善校内实训基地管理制度和相关绩效评价规定,使实训基地的运行科学有序,探索开放式管理模式,充分发挥校内实训基地在人才培养中的作用。

4.3.4 学校应定期对校内实训基地设备进行检查和维护,保证设备的正常安全运行。

4.3.5 学校应有足额资金的投入,保证校内实训基地的运行和设施更新。

4.3.6 学校应建立校内实训基地考核评价制度,形成完整的校内实训基地考评体系。

5 实 训 师 资

5.1 一 般 规 定

5.1.1 实训教师应履行指导实训、管理实训学生和对实训进行考核评价的职责。实训教师可以专兼职。

5.1.2 学校应建立实训教师队伍建设的制度和措施,有计划对实训教师进行培训。

5.2 实训师资数量及结构

5.2.1 学校应依据实训教学任务、学生人数合理配置实训教师,每个实训项目不宜少于2人。

5.2.2 各院校应努力建设专兼结合的实训教师队伍,专兼职比例宜为1∶1。

5.3 实训师资能力及水平

5.3.1 学校专任实训教师应熟练掌握相应实训项目的技能,宜具有房地产经营与管理(房地产估价方向)实践经验及相关职业资格证书或具备房地产领域中级及以上专业技术职务。

5.3.2 企业兼职实训教师应具备本专业理论知识和实践经验,经过教育理论培训;指导顶岗实训的兼职教师应具备房地产领域相应专业技术等级证书或具有房地产领域中级及以上专业技术职务。

本导则用词说明

为了便于在执行本导则条文时区别对待,对要求严格程度不同的用词说明如下:

1. 表示很严格,非这样做不可的用词:

正面词采用"必须";

反面词采用"严禁"。

2. 表示严格,在正常情况下均应这样做的用词:

正面词采用"应";

反面词采用"不应"或"不得"。

3. 表示允许稍有选择,在条件许可时首先应这样做的用词:

正面词采用"宜"或"可";

反面词采用"不宜"。

附录 3

高等职业教育房地产经营与管理专业（房地产估价方向）顶岗实习标准

1 总　　则

1.0.1 为了推动房地产经营与管理专业（房地产估价方向）校企合作、工学结合的人才培养模式的改革，保证顶岗实习效果，提高人才培养质量，特制定本标准。

1.0.2 本标准依据房地产经营与管理专业（房地产估价方向）学生的专业能力和知识的基本要求制定，是《高等职业教育房地产经营与管理专业（房地产估价方向）教学基本要求》的重要组成部分。

1.0.3 本标准是学校组织实施房地产经营与管理专业（房地产估价方向）顶岗实习的依据，也是学校、企业合作建设房地产经营与管理专业（房地产估价方向）顶岗实习基地的标准。

1.0.4 房地产经营与管理专业（房地产估价方向）顶岗实习应达到的教学目标是：

（1）在职业素养上具有全新的适应市场需求的房地产经营管理理念、扎实的专业知识和职业技能、良好的职业道德、熟练的沟通技巧和协调能力。

（2）在职业内涵上加深对所学法律法规、外语、房地产统计、计算机操作、应用文写作等基础文化知识领会和贯通能力。

（3）在职业技能上具有市场开拓、客户服务和维护能力、营销策划和执行能力、市场调研和统计分析能力、房地产数据分析和价值估算能力、获取市场信息及运用能力、学习与创新能力。

（4）在职业态度上能养成良好的职业道德，能够理解和掌握社会道德关系以及关于这种社会道德关系的理论、原则、规范；养成良好的职业情感、敬业精神，对所从事的职业及服务对象保持充沛的热情；养成良好的职业意志，具有自觉克服困难和排除障碍的毅力和精神；养成良好的职业理想，对所从事职业的未来发展，保持健康向上的正能量。

（5）在职业纪律上能遵守国家法律法规和行业的管理规定、遵守实习企业的各项管理制度和规定、遵守顶岗实习工作的各项操作规程、服从实习企业的工作安排，服从实习企业指导教师的指导和安排、服从学校实习指导教师的指导和安排。

（6）在企业文化上能熟悉并融入实习企业的文化，形成与实习企业文化相适应的职业行为习惯和企业价值观。

1.0.5 房地产经营与管理专业（房地产估价方向）的顶岗实习，除应执行本标准外，尚应执行《房地产经营与管理专业（房地产估价方向）教学基本要求》和国家相关法律法规。

2 术 语

2.0.1 顶岗实习

指高等职业院校根据专业培养目标要求，组织学生以准员工的身份进入企（事）业等单位专业对口的工作岗位，直接参与实际工作过程，完成一定工作任务，以获得初步的岗位工作经验、养成正确职业素养的一种实践性教学形式。

2.0.2 顶岗实习基地

指具有独立法人资格，具备接受一定数量学生顶岗实习的条件，愿意接纳顶岗实习，并与学校具有稳定合作关系的企（事）业等单位。

2.0.3 企业资质

是指企业在从事某种行业经营中，应具有的资格以及与此资格相适应的质量等级标准。企业资质包括企业的人员素质、技术及管理水平、工程设备、资金及效益情况、承包经营能力和建设业绩等。

2.0.4 顶岗实习学生

指由高等职业院校按照专业培养目标要求和教学计划安排，组织进入到企（事）业等用人单位的实际工作岗位进行实习的在校学生。

2.0.5 顶岗实习协议

是按照《职业教育法》及各省、市、自治区劳动保障部门的相关规定，由学校、企业、学生达成的实习协议。

3 实习基地条件

3.1 一 般 规 定

3.1.1 学校应建立稳定的顶岗实习基地。顶岗实习基地应建立在具有独立法人资格、依法经营、规范管理、安全生产有保障，以及生产经营范围与学生所学专业方向一致或相近的、自愿接纳顶岗实习的相关企事业单位。

3.1.2 顶岗实习基地应具备以下基本条件：

（1）有常设的实习管理机构和专职管理人员。

（2）有健全的实习管理制度、办法。

（3）有完备的劳动保护和职业卫生条件。

（4）不得安排非专业学生从事高空、井下、放射性、高毒、易燃易爆等国家规定的第四级体力劳动强度以及其他具有安全隐患的实习工作。

（5）学生顶岗实习应当执行国家在劳动时间方面的相关规定。

（6）实习报酬应当不低于当地劳动力最低收入标准。实习报酬的形式、内容和标准应当通过签订顶岗实习协议的形式来约定。

3.1.3 顶岗实习基地宜提供与本专业培养目标相适应的职业岗位，并应对学生实施轮岗实习。

3.2 资质与资信

3.2.1 顶岗实习基地的资质应满足以下要求：

（1）具有良好信誉且在业内有一定影响的房地产经营管理骨干企业。企业运营态势良好、经营和管理状况稳健、自愿接纳学生顶岗实习。企业应能提供多元化岗位，以利于市场波动状态下的学生职业生涯规划和逐步上升。

（2）经营范围应包括房地产项目开发、房地产经营、房地产估价、房地产营销、房屋租售代理和行纪、房地产项目售后维护管理和招商运营等。

（3）具有完善的管理制度和服务体系，有良好的人才培养和管理机制，在岗位提供和带教老师的配备上能充分满足达成实习目标的需要。

3.2.2 顶岗实习基地的资信应满足以下要求：

（1）实习单位的营业执照，资质证书，安全生产许可证，税务登记证，组织机构代码齐全，内容真实正确。

（2）实习单位近三年无重大人为安全事故。

（3）企业信用等级优良（A级及以上），业界评价好。

3.3 场地与设施

3.3.1 实习企业应根据接收学生实习的需要，建立、健全本单位安全生产责任制，制定相关安全生产规章制度和操作规程，制定并实施本单位的生产安全事故应急救援预案，为实习学生和实习场所配备必要的安全保障器材。

3.3.2 实习企业应比照自身相应岗位员工在工作过程中所具备的场地与设施标准，向实习学生提供实习的场地与设施条件和相关信息资料，使学生能够完成实习工作。

3.3.3 学校应当与实习企业协商，为顶岗实习学生提供必需的食宿条件和劳动防护用品，保障学生实习期间的生活便利和人身安全。

3.4 岗位与人员

3.4.1 岗位

实习企业的岗位应包括房地产估价员、房地产市场调研员、房地产投资分析员、置业顾问、销售顾问等。

3.4.2 人员标准

各校可根据校企合作企业的经营规模、校企合作协议等具体情况，安排适当数量的顶岗实习生参加实习，但必须使本专业学生的顶岗实习参加率达到100%。

4 实习内容与实施

4.1 一般规定

4.1.1 学校应根据顶岗实习内容选择适宜的工程项目。

4.1.2 顶岗实习的内容和时间安排应与专项技能实训、综合训练有机衔接。

4.1.3 顶岗实习岗位应包括：房地产估价员、房地产市场调研员、房地产投资分析员、置业顾问、销售顾问等。还宜包括与本专业相关的企事业单位的相关专业岗位。

4.2 实习时间

4.2.1 顶岗实习时间不应少于一个学期，建议安排在第3学年第5学期或第6学期。各学校宜利用假期等适当延长顶岗实习时间。

4.2.2 各岗位实习时间不宜少于一个月。在同一企业内轮岗实习的，各岗位实习时间可按岗位工作内容、工作性质和企业需要灵活掌握。

4.3 实习内容及要求

4.3.1 房地产估价员岗位的实习内容及要求应符合表4.3.1的要求。

房地产估价员岗位的实习内容及要求　　　　表4.3.1

序号	实习项目	实习内容	实习目标	实习要求
1	实地查勘	1）调查房地产权属 2）查勘房地产实体构造 3）查勘房地产环境	能独立完成现场实地查勘	（1）服从顶岗实习基地各项管理制度和要求 （2）服从顶岗实习基地指导老师的指导和工作安排 （3）严格按照工作规程完成工作 （4）工作过程中善于思考、积极主动，处理和协调好人际关系 （5）认真完成每天每项工作的工作记录
2	房地产估价	1）成本法 2）市场比较法 3）收益法	能正确计算出房地产评估价格	
3	房地产估价报告	1）房地产估价报告的格式 2）房地产估价报告的编制	能协助制作房地产估价报告	

4.3.2 房地产市场调研员岗位的实习内容及要求应符合表 4.3.2 的要求。

房地产市场调研员岗位的实习内容及要求　　　　表 4.3.2

序号	实习项目	实习内容	实习目标	实习要求
1	宏微观市场调查	选择调查对象、确定调查内容、制定调查方案、有效进行市场调查并得出调查结论	能够熟练运用房地产经济、统计、会计知识进行常规的市场调研工作	（1）服从顶岗实习基地各项管理制度和要求 （2）服从顶岗实习基地指导老师的指导和工作安排 （3）严格按照工作规程完成工作 （4）工作过程中善于思考、积极主动，处理和协调好人际关系 （5）认真完成每天每项工作的工作记录
2	市场数据分析	收集、整理基础数据并编写相应报表，根据报表进行相关指标计算、得出结论性意见	能够运用所学理论知识，对各种房地产投资活动进行一般分析评价	

4.3.3 房地产投资分析员岗位的实习内容及要求应符合表 4.3.3 的要求。

房地产投资分析员岗位的实习内容及要求　　　　表 4.3.3

序号	实习项目	实习内容	实习目标	实习要求
1	项目投资可行性分析	投资分析报告的编写	能够设计投资分析报告框架、熟练掌握报告的基本格式及内容编排、可以使用计算机相关软件进行报告编写、排版、打印输出等	（1）服从顶岗实习基地各项管理制度和要求 （2）服从顶岗实习基地指导老师的指导和工作安排 （3）严格按照工作规程完成工作 （4）工作过程中善于思考、积极主动，处理和协调好人际关系 （5）认真完成每天每项工作的工作记录
2	投资项目选择	收集、整理基础数据并编写相应报表，根据报表进行相关指标计算、得出结论性意见	能够运用所学理论知识，对各种房地产投资活动进行一般分析评价	

4.3.4 置业顾问岗位的实习内容及要求应符合表 4.3.4 的要求。

置业顾问岗位的实习内容及要求　　　　表 4.3.4

序号	实习项目	实习内容	实习目标	实习要求
1	沟通交际和公关能力培养	1）会议策划 2）客户会见、协商、沟通	能协助营销人员完成会议策划和客户接待	（1）服从顶岗实习基地各项管理制度和要求 （2）服从顶岗实习基地指导老师的指导和工作安排 （3）严格按照工作规程完成工作 （4）工作过程中善于思考、积极主动，处理和协调好人际关系 （5）认真完成每天每项工作的工作记录
2	楼盘选择与规划	1）根据客户需要进行楼盘选择 2）楼盘评估 3）资料准备及金融、法律事务处理	帮助客户进行置业选择与规划	

4.3.5 销售顾问岗位的实习内容及要求应符合表 4.3.5 的要求。

销售顾问岗位的实习内容及要求　　　　表 4.3.5

序号	实习项目	实习内容	实习目标	实习要求
1	编制营销策划书	针对目标楼盘拟定营销策略、编制营销策划书	熟悉营销策划书的结构，掌握编写营销策划书的技巧	（1）服从顶岗实习基地各项管理制度和要求 （2）服从顶岗实习基地指导老师的指导和工作安排 （3）严格按照工作规程完成工作 （4）工作过程中善于思考、积极主动，处理和协调好人际关系 （5）认真完成每天每项工作的工作记录
2	案场沟通协调	客户会见、协商、沟通	掌握沟通礼仪、技巧，学会客户心理分析	

4.4 指导教师配备

4.4.1 学校指导教师

学校指导教师应具有中级及以上的专业技术职称，具有房地产经营与管理工作实践经验和指导学生顶岗实习的能力。

4.4.2 企业指导教师

企业指导教师应具有中、高级技术职称，或是企业主管级或部门经理级管理人员，一般应具有相应岗位 3~5 年的工作经历。

4.4.3 加强职业教育

学校指导教师和实习企业指导教师都要加强学生顶岗实习期间的思想政治教育、职业安全教育、职业技能教育和职业道德教育。

4.5 实习考核

4.5.1 考核内容

对实习学生的考核内容主要包括：实习学生的工作态度、遵守实习企业的管理制度和工作纪律、工作技能和完成工作的质量、完成顶岗实习日（周）志情况、顶岗实习报告、实习企业带教教师的评价、实习学生的诚信记录等。

4.5.2 考核形式

顶岗实习考核应由学校组织，学校、企业共同实施，以企业考核为主，对学生在实习期间的工作表现、工作质量、知识运用和技术技能掌握情况等进行考核。考核结果分优秀、良好、中等、及格和不及格五个等级，学生考核结果在及格及以上者获得学分。实习成绩由实习基地（单位）和学校两部分考核成绩构成，比例由学校和企业商定。

4.5.3 考核组织

学校应与实习企业共同建立对学生的顶岗实习考核制度，共同制定实习评价标准。学校与实习企业应就学生的顶岗实习共同制定实习教学计划，按照实习教学计划完成教学任务。顶岗实习计划的内容应包括：实习教学所要达到的目标、各实习环节、课题内容、形式、程序、时间分配、实习岗位、考核要求及方式方法等。

学校应当做好学生顶岗实习材料的归档工作。顶岗实习教学文件和资料包括：（1）顶岗实习协议；（2）顶岗实习计划；（3）学生顶岗实习报告；（4）学生顶岗实习成绩或顶岗实习考核表；（5）顶岗实习日（周）志；（6）顶岗实习巡回检查记录；（7）学生诚信记录。

5 实习组织管理

5.1 一般规定

5.1.1 学校、企业和学生本人应订立三方协议，规范各方权利和义务。
5.1.2 学生实习期间应按国家有关规定购买实习责任保险，其费用分摊比例根据校企协议确定。

5.2 各方权利和义务

5.2.1 学校应享有的权利和应履行的义务是：
（1）进行顶岗实习基地的规划和建设，根据专业性质的不同，建立数量适中、布点合理、稳定的顶岗实习基地。
（2）根据专业培养方案，为学生提供符合要求的顶岗实习岗位。
（3）全面负责顶岗实习的组织、实施和管理。
（4）配备责任心强、有实践经验的顶岗实习指导教师和管理人员。
（5）对顶岗实习基地（单位）的指导教师进行必要的培训。
（6）根据顶岗实习单位的要求，优先向其推荐优秀毕业生。
（7）对不符合实习条件和不能落实应尽义务的实习单位进行更换。

5.2.2 顶岗实习基地（单位）应享有的权利和应履行的义务是：
（1）建立顶岗实习管理机构，安排固定人员管理顶岗实习工作，并选派有经验的业务人员担任顶岗实习指导教师，承担业务指导的主要职责。
（2）负责对顶岗实习学生工作时间内的管理。
（3）参与制定顶岗实习计划。
（4）为顶岗实习学生提供必要的住宿、工作、学习、生活条件，提供或借用劳动防护用品。
（5）享有优先选聘顶岗实习学生的权利。
（6）依法保障顶岗实习学生的休息、休假和劳动安全卫生。

5.2.3 顶岗实习学生应享有的权利和应履行的义务是：
（1）遵守国家法律法规和顶岗实习基地（单位）规章制度，遵守实习纪律。

（2）服从领导和工作安排，尊重、配合指导教师的工作，及时反馈对实习的意见和建议，与顶岗实习基地（单位）员工团结协作。

（3）认真执行工作程序，严格遵守安全操作规程。

（4）依法享有休息、休假和劳动保护权利。

（5）遵守保密规定，不泄露顶岗实习基地（单位）的技术、财务、人事、经营等机密。

（6）学生在顶岗实习期间所形成的一切工作成果均属顶岗实习基地（单位）的实习基地成果，将其应用于顶岗实习工作以外的任何用途，均需顶岗实习基地（单位）的同意。

5.3 实习过程管理

5.3.1 学校和实习单位在学生顶岗实习期间，应当维护学生的合法权益，确保学生在实习期间的人身安全和身心健康。

5.3.2 学校组织学生顶岗实习应当遵守相关法律法规，制定具体的管理办法，并报上级教育行政部门和行业主管部门备案。

5.3.3 学校应当对学生顶岗实习的单位、岗位进行实地考察，考察内容应包括：学生实习岗位工作性质、工作内容、工作时间、工作环境、生活环境及安全防护等方面。

5.3.4 学生到实习单位顶岗实习前，学校、实习单位、学生应签订三方顶岗实习协议，明确各自责任、权利和义务。对于未满18周岁的学生，应由学校、实习单位、学生与法定监护人（家长）共同签订，顶岗实习协议内容必须符合国家相关法律法规要求。

5.3.5 学校和实习单位应当为学生提供必要的顶岗实习条件和安全健康的顶岗实习劳动环境。不得通过中介机构有偿代理组织、安排和管理学生顶岗实习工作；学生顶岗实习应当执行国家在劳动时间方面的相关规定。

5.3.6 建立学校、实习单位和学生家长定期信息通报制度。学校向家长通报学生顶岗实习情况。学校与实习单位共同做好顶岗实习期间的教育教学工作。

5.3.7 顶岗实习基地接收顶岗实习学生人数超过20人以上的，学校应安排一名实习指导教师与企业共同指导与管理实习学生，有条件的学校宜根据实习学生分布情况按地区建立实习指导教师驻地工作站。

5.3.8 学生顶岗实习期间，遇到问题或突发事件，应及时向实习指导教师和实习单位及学校报告。

5.4 实习安全管理

5.4.1 实习安全管理总则

学校应根据学生顶岗实习工作岗位制定各项具体的安全工作规定，对学生进行系统的安全统筹，布置各时期的安全工作，加强与企业沟通，齐抓共管，全面落实各项安全措施。

5.4.2 实习安全管理措施

（1）完善合同责任制。应签订学校、顶岗实习学生、实习企业三方协议，明确各方的安全责任。

（2）建立学生保险制度。凡是参加顶岗实习的学生必须购买实习责任保险。

（3）强化预防意识，学校应当制定相应的顶岗实习学生安全管理措施，制定突发事件应急预案。

（4）严格请销假制度。实习学生要自觉遵守学校、实习单位的各项制度，服从实习单位和指导老师的安排，因事离开实习工作岗位，必须履行请假手续，按时销假，严禁学生擅自离开实习岗位或请假、超假不归。

5.5 实习经费保障

5.5.1 实习教学经费是指由学校预算安排，属实习教学专项经费，应实行"统一计划、统筹分配、专款专用"的原则。任何单位和个人不得挤占、截留和挪用。

5.5.2 实习教学经费开支范围可包括：校内实习指导教师的交通费、住宿费、补助费，学生实习责任保险费，实习教学资料费，实习基地的实习教学管理费、参观费、授课酬金等。

5.5.3 鼓励有条件的实习基地向顶岗实习学生支付合理的实习补助。实习补助的标准应当通过签订顶岗实习协议进行约定。不得向学生收取实习押金和实习报酬提成。

本标准用词说明

为了便于在执行本导则条文时区别对待，对要求严格程度不同的用词说明如下：

1. 表示很严格，非这样做不可的用词：

正面词采用"必须"；

反面词采用"严禁"。

2. 表示严格，在正常情况下均应这样做的用词：

正面词采用"应"；

反面词采用"不应"或"不得"。

3. 表示允许稍有选择，在条件许可时首先应这样做的用词：

正面词采用"宜"或"可"；

反面词采用"不宜"。

第三部分 高等职业教育房地产经营与管理专业（房地产经纪方向）教学基本要求

目 录

1 专业名称及方向 ……………………………………………………………………… 121
2 专业代码 …………………………………………………………………………… 121
3 招生对象 …………………………………………………………………………… 121
4 学制与学历 ………………………………………………………………………… 121
5 就业面向 …………………………………………………………………………… 121
6 培养目标与规格 …………………………………………………………………… 122
7 职业证书 …………………………………………………………………………… 123
8 教育内容及标准 …………………………………………………………………… 123
9 专业办学基本条件和教学建议 …………………………………………………… 133
10 继续学习深造建议 ………………………………………………………………… 137
附录1 房地产经营与管理专业（房地产经纪方向）教学基本要求实施示例 ………… 139
附录2 高等职业教育房地产经营与管理专业（房地产经纪方向）校内实训及
　　　校内实训基地建设导则 ……………………………………………………… 151
附录3 高等职业教育房地产经营与管理专业（房地产经纪方向）顶岗实习标准 …… 159

高等职业教育房地产经营与管理专业（房地产经纪方向）教学基本要求

1 专业名称及方向

专业名称：房地产经营与管理
专业方向：房地产经纪

2 专业代码

540701

3 招生对象

普通高中毕业生及三校生

4 学制与学历

三年制，专科

5 就业面向

5.1 就业职业领域

房地产营销策划、房地产经纪、房地产投资咨询等房地产相关企业。

5.2 初始就业岗位群

置业顾问、营销策划员、房地产市场调研员、房地产投资分析员、房地产网络营销专员等。

5.3 发展或晋升岗位群

房地产经纪人、门店店长、销售经理、营销策划总监、房地产投资咨询师等。

6 培养目标与规格

6.1 培养目标

本专业方向旨在培养房地产经纪行业发展急需的、具备房地产经纪知识的高素质技术技能人才。学生通过基础课、专业课的学习与实习、实训等技能环节训练后，应具备良好职业道德和人文素养，具有"互联网＋房地产"思维、创新创业意识及职业提升的管理能力，成为熟悉房地产领域相关制度和政策，能熟练运用房地产经纪相关知识及技能开展房地产经纪工作的高素质技术技能人才。

6.2 人才培养规格

6.2.1 基本素质

（1）政治思想素质

热爱社会主义祖国，能够准确理解和把握社会主义核心价值观的深刻内涵和实践要求，具有正确的世界观、人生观和价值观。

（2）文化素质

具有良好的语言表达能力和社交能力，能撰写本专业相关房地产应用型文书，有一定的外语表达能力，熟练的计算机应用能力，具备较强的法律知识，有一定的创业能力和创新精神。

6.2.2 知识要求

熟悉计算机、英语、数学的基础应用知识；掌握房地产制度与政策、房地产营销策划、房地产经纪基础、房地产经纪操作实务等基本专业理论知识以及"互联网＋"的基本知识和操作方法。

6.2.3 能力要求

计算机应用能力：熟练使用Office办公软件；熟悉CAD技术；能熟练地网上检索、浏览信息、下载文件等。

语言文字表达能力：能准确表达个人思想，恰当地使用语言与他人交流；能有效运用信息撰写比较规范的常用应用文。

创新能力：勤于思考，积极发表自己的见解；善于动脑，乐于探索，有一定的创新精神。

专业能力：对房地产信息数据进行收集、整理的能力；具有房地产营销策划的能力；具有房地产经纪操作的能力，具有企业管理的基本能力。

6.2.4 职业态度

热爱本职工作，具有较强的服务意识，良好的职业道德和职业操守。

7 职业证书

毕业生修完规定课程，成绩合格，取得国家高等职业教育毕业文凭。符合国家和当地条件，通过相应的岗位资格考试，取得本专业相关的资格证书。

8 教育内容及标准

课程设置紧密围绕高素质技术技能型人才培养目标，综合考虑学生基本素质、职业能力培养和职业生涯的可持续发展，根据职业岗位任职要求，参照全国房地产经纪人协理职业资格考试大纲的考核内容设置教育内容及标准，充分体现行业任职要求和房地产经纪业发展变化趋势。

8.1 专业教育内容体系框架

专业教育内容体系由普通教育内容、专业教育内容和拓展教育内容三大部分构成。房地产经营与管理专业（房地产经纪方向）教育内容体系框架如图1所示。

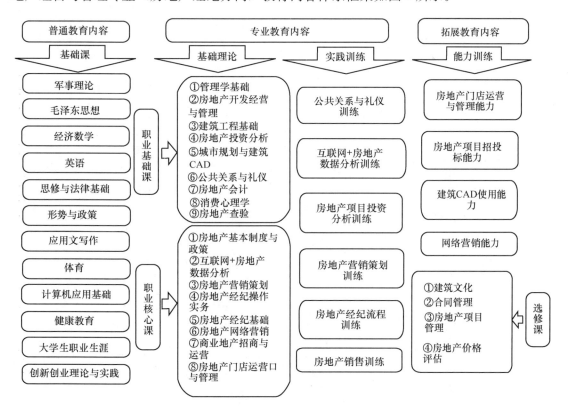

图1 房地产经营与管理专业（房地产经纪方向）教育内容体系框架

8.2 专业教学内容及标准

8.2.1 专业知识、技能体系一览

房地产经营与管理专业（房地产经纪方向）职业岗位和职业核心能力对应表　　表1

序号	职业岗位	岗位核心能力	岗位综合能力
1	置业顾问	经纪操作能力	（1）沟通交际和公关 （2）营销方法与技巧
2	营销策划员	营销策划和协调能力	（1）编制营销策划书 （2）案场沟通协调
3	市场调研员	市场调研能力	（1）宏微观市场调查 （2）市场数据搜集与分析
4	房地产投资分析员	投资分析能力	（1）项目投资可行性分析 （2）投资项目选择
5	房地产网络营销专员	网络营销和推广技巧	（1）网络营销 （2）推广技巧

房地产经营与管理专业（房地产经纪方向）知识体系一览表　　表2

知识领域	知识单元		知识点
1. 房地产法规	核心知识单元	（1）房地产基本制度	1）国有土地上房屋征收与补偿法律制度 2）房地产开发管理制度 3）房地产交易管理制度 4）房地产登记制度 5）房地产税收制度 6）物业管理法律法规 7）住房公积金制度
		（2）房地产政策	1）建设用地管理 2）房地产中介服务管理 3）房地产纠纷处理
	选修知识单元		
2. 营销策划	核心知识单元	（1）房地产营销策划	1）房地产项目环境分析 2）房地产项目STP策划 3）房地产项目营销组合策划 4）房地产项目营销计划组织执行与销售管理策划 5）房地产项目营销策划书撰写
		（2）房地产网络营销	1）房地产网络营销市场调查与消费者分析 2）房地产企业网站的建立与推广 3）房地产网络营销方式
	选修知识单元	（1）建筑文化	1）建筑艺术发展史 2）建筑艺术与人类文化发展史 3）建筑艺术赏析

续表

知识领域	知识单元		知识点
3. 经纪	核心知识单元	（1）房地产经纪基础	1）房地产经纪行业 2）房地产经纪管理 3）房屋租赁 4）房屋买卖 5）个人住房贷款 6）不动产登记
		（2）房地产经纪操作实务	1）房地产经纪业务类型及流程 2）房地产交易信息搜集与运用 3）房地产经纪服务合同签订 4）房屋实地查看 5）房地产交易合同代拟 6）房地产交易资金结算 7）房屋查验和交接 8）房地产经纪业务风险防范
	选修知识单元	（1）房地产估价	1）房地产估价要素 2）估价师应具备的职业道德 3）影响房地产价格和价值的因素 4）房地产估价原则 5）市场法、成本法、收益法 6）地价评估与分摊
4. 管理	核心知识单元	（1）门店运营与管理	1）房地产经纪门店开发与设计 2）房源与客源的管理 3）业务管理 4）风险管理 5）人员管理
	选修知识单元	（1）合同管理	1）房地产合同法概述 2）房地产合同管理
5. 市场分析	核心知识单元	（1）互联网＋房地产数据分析	1）互联网＋房地产数据分析基础 2）互联网＋房地产数据分析指标 3）互联网＋房地产数据分析思路 4）互联网＋房地产数据分析应用实例
	选修知识单元		

房地产经营与管理专业（房地产经纪方向）技能体系一览表　　　　表3

技能领域	技能单元		技能点
1. 营销策划	核心技能单元	（1）营销策划实务	1）营销策划书编写 2）方案PPT展示
		（2）网络营销实务	1）网络营销推广方式 2）网络营销推广策略 3）网站维护 4）用户体验
	选修技能单元		

续表

技能领域	技能单元		技能点
2. 经纪	核心技能单元	（1）居间业务	1）居间合同签订 2）二手房买卖 3）房屋租赁
		（2）代理业务	1）代理合同签订 2）代理操作
	选修技能单元	（1）房地产估价	1）估价报告识读
3. 管理	核心技能单元	（1）门店管理	1）房地产经纪市场分析能力 2）房地产经纪门店管理能力 3）房地产经纪团队建设与管理能力
	选修技能单元	（1）合同管理	1）房地产合同填写
4. 市场分析	核心技能单元	（1）互联网＋房地产数据分析	1）互联网数据分析方法与技术 2）数据分析可视化与报告的撰写
	选修技能单元		

8.2.2 核心知识单元、技能单元教学要求

房地产基本制度知识单元教学要求　　　　　　表 4

单元名称	房地产基本制度	最低学时	30 学时
教学目标	1. 了解法律法规、住房公积金制度 2. 熟悉建设用地制度与政策、国有土地上房屋征收与补偿法律制度、房地产开发管理制度 3. 掌握房地产交易管理制度、房地产登记制度、房地产税收制度		
教学内容	知识点 1. 建设用地制度与政策 知识点 2. 房地产开发管理制度 知识点 3. 房地产交易管理制度 知识点 4. 房地产登记制度 知识点 5. 房地产税收制度 知识点 6. 物业管理法律法规 知识点 7. 住房公积金制度		
教学方法建议	1. 讲授法 2. 小组讨论法 3. 案例教学法		
考核评价要求	1. 学生自我评价 2. 完成给定的案例并根据完成效果予以评价 3. 课堂提问		

房地产政策知识单元教学要求　　　　　　表 5

单元名称	房地产政策	最低学时	20 学时
教学目标	1. 了解房地产中介服务管理 2. 熟悉房地产纠纷处理 3. 掌握建设用地管理		
教学内容	知识点 1. 建设用地管理 知识点 2. 房地产纠纷处理 知识点 3. 房地产中介服务管理		
教学方法建议	1. 讲授法 2. 小组讨论法 3. 案例教学法		
考核评价要求	1. 学生自我评价 2. 完成给定的案例并根据完成效果予以评价 3. 课堂提问		

房地产营销策划知识单元教学要求 表6

单元名称	房地产营销策划	最低学时	40学时
教学目标	1. 了解房地产项目营销计划组织执行与销售管理策划 2. 熟悉房地产项目环境分析、房地产项目营销策划书撰写 3. 掌握房地产项目STP策划、房地产项目营销组合策划		
教学内容	知识点1. 房地产项目环境分析 知识点2. 房地产项目STP策划 知识点3. 房地产项目营销组合策划 知识点4. 房地产项目营销计划组织执行与销售管理策划 知识点5. 房地产项目营销策划书撰写		
教学方法建议	1. 讲授法 2. 小组讨论法 3. 多媒体演示法		
考核评价要求	1. 学生自我评价 2. 参与课堂讨论与实际案例分析 3. 课堂提问		

房地产网络营销知识单元教学要求 表7

单元名称	房地产网络营销	最低学时	30学时
教学目标	1. 了解房地产网络营销的概念与发展 2. 熟悉房地产网站的建设与推广 3. 掌握房地产网络营销方式		
教学内容	知识点1. 房地产网络营销概述 知识点2. 房地产网络营销市场调查与消费者分析 知识点3. 房地产企业网站的建设与推广 知识点4. 房地产网络营销方式		
教学方法建议	1. 讲授法 2. 小组讨论法 3. 多媒体演示法		
考核评价要求	1. 学生自我评价 2. 参与课堂讨论与实际案例分析 3. 成果展示		

房地产经纪基础知识单元教学要求 表 8

单元名称	房地产经纪基础	最低学时	40 学时
教学目标	1. 了解房地产经纪的发展、房地产经纪机构及经纪人员 2. 熟悉房地产交易价格及相关税费、房地产经纪合同及相关法律文件、房地产经纪风险管理 3. 掌握房地产居间、代理、行纪及其他相关业务		
教学内容	知识点 1. 房地产经纪机构与经纪人员 知识点 2. 房地产交易税费和房地产经纪合同 知识点 3. 房地产代理和居间业务 知识点 4. 经纪信息管理 知识点 5. 房地产经纪风险管理		
教学方法建议	1. 情境再现法 2. 多媒体演示法 3. 实操训练		
考核评价要求	1. 课堂讨论表现 2. 模拟销售现场反应与应变能力 3. 房地产经纪实际操作能力		

房地产经纪操作实务知识单元教学要求 表 9

单元名称	房地产经纪操作实务	最低学时	40 学时
教学目标	1. 了解房地产经纪行业与相关法律法规； 2. 熟悉房地产交易信息搜集与运用、房地产经纪服务合同签订、房屋实地查看、房地产交易合同代拟、房地产交易资金结算、房屋查验和交接具体工作； 3. 掌握一手房代理和二手房居间业务操作流程		
教学内容	知识点 1. 房地产经纪业务类型及流程 知识点 2. 房地产交易信息搜集与运用 知识点 3. 房地产经纪服务合同签订 知识点 4. 房屋实地查看 知识点 5. 房地产交易合同代拟 知识点 6. 房地产交易资金结算 知识点 7. 房屋查验和交接 知识点 8. 房地产经纪业务风险防范		
教学方法建议	1. 讲授法 2. 小组讨论法 3. 多媒体演示法		
考核评价要求	1. 学生自我评价 2. 参与课堂讨论与实际案例分析，根据实际表现评定成绩 3. 课堂提问		

房地产经纪门店运营与管理知识单元教学要求　　　　表 10

单元名称	房地产经纪门店运营与管理	最低学时	30 学时
教学目标	1. 了解房地产经纪门店开发与设计 2. 熟悉房地产经纪门店的人员管理与风险管理 3. 掌握房源与客源的管理、房地产经纪业务的管理		
教学内容	知识点 1. 房地产经纪门店开发与设计 知识点 2. 房源与客源的管理 知识点 3：业务管理 知识点 4：风险管理 知识点 5：人员管理		
方法建议	1. 讲授法 2. 小组讨论法 3. 多媒体演示法		
考核评价要求	1. 学生自我评价 2. 参与课堂讨论与实际案例分析，根据实际表现评定成绩 3. 课堂提问		

互联网＋房地产数据分析知识单元教学要求　　　　表 11

单元名称	互联网＋房地产数据分析	最低学时	30 学时
教学目标	1. 了解互联网＋房地产数据分析基础 2. 熟悉互联网＋房地产数据分析应用实例 3. 掌握互联网＋房地产数据分析指标、互联网＋房地产数据分析思路		
教学内容	知识点 1. 互联网＋房地产数据分析基础 知识点 2. 互联网＋房地产数据分析指标 知识点 3：互联网＋房地产数据分析思路 知识点 4. 互联网＋房地产数据分析应用实例		
方法建议	1. 讲授法 2. 小组讨论法 3. 多媒体演示法		
考核评价要求	1. 学生自我评价 2. 参与课堂讨论与实际案例分析 3. 成果展示		

营销策划实务技能单元教学要求　　　　　　　　　　　　　　　表 12

单元名称	营销策划实务	最低学时	24 学时
教学目标	专业能力： 1. 产业结构和营销环境分析能力 2. 房地产营销技巧运用能力 方法能力： 1. 能通过正确的市场细分明确房地产产品定位 2. 能针对房地产项目制定合理的营销策划 社会能力： 1. 营销计划的组织和执行能力 2. 营销手段实施与控制能力		
教学内容	技能点 1. 数据采集 技能点 2. 资料分析 技能点 3. 房地产项目营销策划书编写 技能点 4. PPT 展示		
教学方法建议	1. 案例教学法 2. 角色扮演法 3. 现场教学法		
教学场所要求	主体在校内实训基地、校内实训室完成，市场调查部分可以在市场调查现场（校外）完成		
考核评价要求	1. 建议根据任务完成情况、成果质量、面试等环节确定总评成绩 2. 对给定项目的营销策划方案质量进行评价		

网络营销技能单元教学要求　　　　　　　　　　　　　　　　表 13

单元名称	网络营销	最低学时	18 学时
教学目标	专业能力： 1. 网络营销能力 2. 房地产营销能力 方法能力： 1. 能通过各种网络推广方式介绍房地产产品 2. 能针对房地产项目制定正确的网络推广策略 社会能力： 1. 网站的维护 2. 用户的体验		
教学内容	技能点 1. 网络营销 技能点 2. 推广方式 技能点 3. 推广策略 技能点 4. 网站维护 技能点 5. 用户体验		
教学方法建议	1. 案例教学法 2. 操作演示法 3. 现场教学法		
教学场所要求	校内实训基地、校内实训室		
考核评价要求	根据学生应变能力、创新能力、用户体验效果综合评价学生技能掌握情况		

居间、代理技能单元教学要求　　　　　　　　　　　　　　　　表 14

单元名称	居间、代理	最低学时	24 学时
教学目标	专业能力： 1. 居间能力 2. 代理能力 方法能力： 1. 熟悉经纪业务流程 2. 有效控制经纪风险 社会能力： 1. 沟通协调能力 2. 客户资源整合能力		
教学内容	技能点 1. 居间合同签订 技能点 2. 二手房买卖流程 技能点 3. 房屋租赁 技能点 4. 代理合同签订 技能点 5. 代理业务流程		
教学方法建议	1. 案例教学法 2. 角色扮演法 3. 现场教学法		
教学场所要求	校内实训基地、校内实训室		
考核评价要求	建议根据任务完成情况、成果质量、现场演示等环节确定总评成绩		

经纪门店管理技能单元教学要求　　　　　　　　　　　　　　　　表 15

单元名称	经纪门店管理	最低学时	18 学时
教学目标	专业能力： 1. 房地产经纪市场分析能力 2. 房地产经纪业务（房源、客源）拓展能力 3. 房地产居间、代理业务实施能力 方法能力： 1. 房地产经纪门店管理能力 2. 房地产经纪团队建设与管理能力 社会能力： 1. 能够有效处理客户投诉和交易纠纷 2. 具有较强的管理能力、沟通能力、谈判能力、广告宣传能力、企业成本核算能力		
教学内容	技能点 1. 房地产经纪市场分析能力 技能点 2. 房地产经纪门店管理能力 技能点 3. 房地产经纪团队建设与管理能力		

单元名称	经纪门店管理	最低学时	18学时
教学方法建议	1. 案例教学法 2. 操作演示法 3. 现场教学法		
教学场所要求	校内和校外实训基地相结合		
考核评价要求	根据学生应变能力、创新能力、门店管理实践能力评价学生技能掌握程度		

互联网十房地产数据分析技能单元教学要求　　　　表16

单元名称	互联网十房地产数据分析	最低学时	18学时
教学目标	专业能力： 1. 互联网数据分析方法及应用 2. 互联网数据分析相关技术 方法能力： 1. 能运用所学的方法进行互联网十房地产数据分析 2. 掌握数据可视化报告的撰写 社会能力： 1. 数据分析可视化 2. 用户的体验		
教学内容	技能点1. 互联网数据分析方法与技术 技能点2. 数据分析可视化与报告的撰写		
教学方法建议	1. 案例教学法 2. 操作演示法 3. 现场教学法		
教学场所要求	校内实训基地、校内实训室		
考核评价要求	根据学生掌握能力、创新能力、用户体验效果综合评价学生技能掌握情况		

8.2.3 课程体系构建的原则要求

倡导各学校根据自身条件和特色构建校本化的课程体系，因此，只提出课程体系构建的原则要求。

课程教学包括基础理论教学和实践技能教学。课程可以按知识/技能领域进行设置，也可以由若干个知识/技能领域构成一门课程，还可以从各知识/技能领域中抽取相关的知识单元组成课程，但最后形成的课程体系应覆盖知识/技能体系的知识单元尤其是核心知识/技能单元。

专业课程体系由核心课程等专业必修课程和专业选修课程组成，核心课程应该覆盖知识/技能体系中的全部核心单元。同时，各院校可选择一些选修知识/技能单元和反映学校特色的知识/技能单元构建选修课程。

倡导工学结合、理实一体的课程模式，但实践教学也应形成由基础训练、专项和综合训练、顶岗实习等构成的完整体系。

9 专业办学基本条件和教学建议

9.1 专业教学团队

9.1.1 专业带头人

专业带头人数量为1～2人，学校专业带头人应具有副教授及以上技术职称，具备一定的行业实践背景。企业专业带头人应长期在房地产领域从事相关工作，在项目的实施、管理方面有丰富的专业实践能力和实践经验，在行业内具有一定的知名度。学校专业带头人应具备丰富的教学经验和教学管理经验，对职业教育有深入的研究，能够在专业建设及人才培养模式深化改革方面起到领军的作用。专业带头人的主要工作是：组织行业与企业调研、进行人才需求分析、确定人才培养目标的定位、组织课程开发与建设工作、主持课程体系构建工作、主持相关教学文件的编写、组建教学团队等专业建设。

9.1.2 师资数量

专业师生比不大于1∶18，专任专业教师不少于5人。

9.1.3 师资水平及结构

专业师资人数应和学生规模相适应，可采取专职教师与兼职教师相结合的办法配置，专业课教师可由本校教师或企业专业技术人员承担。

专职、兼职教师都应具有本科及以上学历，并有一定比例的研究生或硕士及以上学历学位。师资队伍结构合理，专职教师中，高级职称的比例为50%；兼职教师原则上要求中级及以上职称。专职教师中，双师素质教师的比例不少于50%。

校外兼职教师要聘请既有理论又懂操作的房地产相关企业的经营管理和技术人员担任。校外兼职教师应具备五年及以上房地产经营与管理行业工作经验，具有中级及以上技术职称（或相应的岗位技能等级）。为使专业教学更贴近行业或产业领域的最新发展、贴近企业技能应用需求，应逐步提高企业兼职教师承担的专业课程教学学时比例，基本目标是校外兼职教师任课学时数占专业课总学时数比例为50%左右。

9.1.4 校企合作

成立房地产经营与管理专业校企合作专家指导小组。

本专业方向设立校企合作专家指导小组，聘请行业有关专家、学者及企业中有实践经验的经营管理人员，定期对专业定位、课程设置、教学内容、实习实训内容等进行专题论证与审定，并请有关房地产专家不定期进行房地产新知识讲座，保证学生学习知识的前沿性与实用性。

9.2 教学设施

9.2.1 校内实训条件

房地产经营与管理专业（房地产经纪方向）校内实训条件要求　　表17

序号	实践教学项目	主要设备、设施名称及数量	实训室（场地）面积（m²）	备注
1	互联网＋房地产数据分析	1. 标准多媒体实训室1间 2. 投影仪1套 3. 电脑45台	不小于100	
2	房地产营销策划	1. 45机位多媒体机房1间 2. 投影仪1套 3. 上网服务器1台	不小于100	
3	房地产经纪	1. 各型楼盘沙盘3个 2. 房产交易合同范本 3. 电脑45台	不小于100	
4	房地产门店管理	1. 45机位多媒体机房1间 2. 投影仪1套 3. 上网服务器1台	不小于100	
5	房地产网络营销	1. 45机位多媒体机房1间 2. 投影仪1套 3. 上网服务器1台	不小于100	

表中实训设备及场地按一个教学班（45人左右）同时训练计算，实训场所可兼用。

9.2.2 校外实训基地的基本要求

房地产经营与管理专业（房地产经纪方向）校外实训条件要求　　表18

序号	实践教学项目	对校外实训基地的要求	备注
1	房地产营销策划	满足专业实践教学和技能训练要求	
2	房地产经纪	签订实习协议，满足学生顶岗实训半年以上的实训基地	
3	房地产网络营销	签订实习协议，满足学生顶岗实训半年以上的实训基地	

9.2.3 信息网络教学条件

信息网络教学条件包括网络教学软件条件和网络教学硬件条件。网络教学软件条件指各种工程相关软件，网络教学硬件条件指校园网络建设，覆盖面和网络教学设备等满足教学需要。

建成20M主干和1M到桌面的校园网（建议按数字化校园标准建设），校园网以宽带接入方式连接互联网进入所有办公室和教室；理论课教室、实验室均应配置多媒体设备；

教学用计算机每 10 名学生拥有 1 台以上。

9.3 教材及图书、数字化（网络）资料等学习资源

教材、图书及数字化资料配备不低于教育部规定的办学要求。

有相关的图书馆、阅览室。图书资料包括：法规、政策和规范、规程，专业书籍与刊物以及有关教学文件，并不断充实更新。

9.3.1 教材

教学采用的教材原则上使用高职高专类教材，优先选用省部级高职高专规划教材和国家精品课程教材，鼓励教师采用与行业实际和行业标准规范贴近的教材，鼓励教师使用数字化教材以丰富课内外教学资源。

配备行业法规、政策和规范文件。储备现行的正在实施的房地产开发经营与管理方面的法律、法规，房地产有关国家标准及行业标准，以及相关的技术规范、国家和当地政府部门发布的房地产有关政策文件资料。

9.3.2 图书及数字化资料

图书馆专业书籍藏书量要与学生规模相当，学生人均图书不少于 60 本，其中专业书籍总数不少于 300 本，专业书籍种类不少于 15 种，各种房地产期刊不少于 10 种。

数字化资源的使用原则是以优质数字化资源建设为载体，以课程为主要表现形式，以素材资源为补充，利用网络学习平台建设共享性教学资源库。资源库建设内容应涵盖学历教育与职业培训。专业教学软件包应包括：试题库、案例库、课件库、专业教学素材库、教学录像库等。通过专业教学网站登载，从而构建共享型专业学习软件包，为网络学习、函授学习、终身学习、学生自主学习提供条件，实现校内、校外资源共享。

按学生数量配备电化教学教室，教学用的电脑能满足教学需要。有多媒体教学资料，有一定数量专业教学软件、三维影视教学资料，并不断更新。逐步配备房地产开发和服务方面的相关软件，以满足教学需要。鼓励教师充分运用数字化教学手段帮助学生紧密追踪行业发展轨迹，并逐渐掌握行业常用软件使用方法。

9.4 教学方法、手段与教学组织形式建议

建立信息化教学为主线的一体化教学条件体系，教学方法与手段要围绕基层岗位技能与素质要求进行，逐步形成模拟实践教学为主线的教学方法体系。倡导理、实一体化教学方法，整合专业理论课与专业实践课的教学环节。采用互动式教学方法与手段，设计应以学生为导向，针对高职院校生源多样性、学生水平参差不齐的实际情况，避免传统填鸭式教学，做到边教、边学、边做。要根据学生特点，激发学生学习兴趣，做到因材施教，寓教于乐。不断深化教学改革，围绕技术技能型人才的培养目标，积极探索实行"任务驱动"、"项目导向"等多种形式的"做中学、做中教"教学模式。旨在加强学生实践操作能力的实验、学习、实训课时数要占教学课时数的 50%。

9.5 教学评价、考核建议

技能单元考核内容和评价标准应体现房地产企业对相关职业岗位的技能和技能单元考核内容和评价标准，应体现房地产企业对相关职业岗位的技能和素质要求。要形成技能考核为主线的开放式全程化考核体系，考核内容紧密贴近岗位实际需求，倡导开放性和多元性答案。

建立全程化考核的教学评价体系，考核突出能力标准，体现对学生综合素质的考察，积极组织吸纳更多房地产企业和社会有关方面参与对学生潜在职业能力的考核评价。

改革传统考核方式，多渠道多途径多层次考评学生。具体可依据课程性质及实际情况从以下5个层面考核评价学生：(1) 平时成绩（包括①作业②出勤③课堂表现④实际问题解决⑤团队协作与沟通）；(2) 考试成绩（学分制）；(3) 实习、实训成绩；(4) 技能证书获取或政府和行业鉴定成绩；(5) 企业、社会对学生的评价。

9.6 教学管理

加强各项教学管理规章制度建设，形成教学管理文件规范体系。

建立本专业方向基本教学要求实施各环节的专业教学质量保证体系，专业教学质量保证体系包括教学实施规范与质量监控措施两大部分，以保障专业人才培养方案实施质量与教学效果。

教学实施可由三层机构负责：第一层是专业建设指导委员会指导下的教学管理层，负责教学管理制度、教学实施流程、质量监控措施的制定及重大问题的决策和协调；第二层是由教学管理办公室和专业教研室组成，在主管教学主任的领导下，组织专业人才培养方案的实施、教学任务的落实及教学运行全过程的质量监控；第三层机构是教学团队，是专业人才培养的基层实施主体。

教学质量监控的主体可由学校教学督导部门和系教学主管人员直接领导的教学督导室、学生信息站、教学信息员组成。

针对高职院校生源不同的特点，实行人才定制和弹性培养模式，在教学管理中推广学习环节模块弹性制和课程考核学分制。

9.6.1 部分课程实行分层教学

应根据学生生源的不同以及文化基础差异，在教学中对部分课程实行分层教学，即根据实际情况设计不同层次的教学目标和教学要求，采用不同形式教学方法，以达到因材施教的目的。在部分公共基础课、专业基础课和专业课中采取分层、分班教学法。如计算机应用基础课可根据学生进校后测试情况，采用不同的教学学时和培养方案。英语根据考试成绩和入学测试，分层次教学。

9.6.2 教学考核采用不同的要求

根据学生生源不同，学生能力不同，特别是有少数民族班，基础与内地教学要求明显不同的院校，应在实际教学中，对于少数民族学生采取不同的考核要求。对于这部分学生单独出卷，单独测试。

9.6.3 采用弹性学制

由于高职院校学生生源多样，不同类型和层次的学生很难在相同的时间内完成规定的学业，弹性学制可以使部分学生在宽松的时间里完成学业。

10 继续学习深造建议

房地产市场受宏观经济环境变化的影响较大，要突出学生自我学习、自我提高能力的培养，旨在提高其就业适应性。学生毕业后继续深造学习的途径包括：

（1）通过专升本进入房地产或其他经济管理类本科专业学习；

（2）从事本专业工作一定年限后参加全国房地产类相关考核，获取相应技能和从业资格证书；

（3）获取房地产相关行业其他职业资格证书。

附录 1

房地产经营与管理专业（房地产经纪方向）教学基本要求实施示例

1　构建课程体系的架构与说明

本专业的课程设置紧密适应房地产行业岗位技能要求，广泛采用"工作过程导向"的课程开发模式，按照专业培养目标的要求，根据行业特点和岗位职业资格标准确定学生应具备的知识、能力和技能，以知识、能力、素质培养为主线，按照房地产经营与管理专业（房地产经纪方向）领域相关工作过程和职业人才成长规律构建课程体系。

本专业课程体系按照本教学基本要求中的 5.2 初始就业岗位群和 5.3 发展岗位群所必须具备的能力来设置相应的课程知识体系，本专业课程知识体系涵盖：管理学基础、房地产会计、建工概论、房地产开发经营与管理、建筑CAD、公共关系与礼仪、互联网＋房地产数据分析、房地产门店运营与管理、房地产查验、★房地产基本制度与政策、商业地产招商与运营、房地产统计、★房地产营销策划、房地产网络营销、★房地产经纪基础、★房地产经纪操作实务、城市规划、房地产消费心理学等课程。

按照初始就业岗位群的主要就业岗位和发展岗位群的主要发展岗位所要求具备的能力来确定核心课程，房地产经营与管理（房地产经纪方向）主要初始就业岗位是置业顾问、案场销售策划员、房地产市场调研人员等，其主要发展岗位为销售经理、门店店长、房地产策划主管、房地产投资咨询师等，本专业知识的核心课程有：房地产基本制度与政策、房地产营销策划、房地产经纪基础、房地产经纪操作实务，核心课程以外的为专业基础课程、一般专业课程、选修课程，各院校可根据各地实际情况和学校特色选择与核心课程适配的前导和后续发展的专业课程。

房地产经营与管理专业（房地产经纪方向）职业岗位、职业核心能力与课程对应表　　附表1

序号	职业岗位	岗位核心能力	对应课程
1	置业顾问	经纪操作和沟通能力	（1）城市规划与建筑CAD （2）★房地产基本制度与政策 （3）★房地产经纪基础 （4）★房地产经纪操作实务 （5）消费心理学 （6）房地产查验 （7）公共关系与礼仪 （8）房地产经纪综合实训
2	营销策划员	营销策划能力	（1）★房地产基本制度与政策 （2）建筑工程基础 （3）★房地产营销策划 （4）城市规划与建筑CAD
3	市场调研员	市场调研与数据分析能力	（1）互联网＋房地产数据分析 （2）★房地产营销策划

续表

序号	职业岗位	岗位核心能力	对应课程
4	房地产投资分析员	投资分析能力	（1）房地产开发经营与管理 （2）房地产投资分析 （3）房地产会计
5	房地产网络营销专员	网络营销和推广技巧	（1）房地产网络营销 （2）消费心理学

注：标注★的课程为专业核心课程。

2 专业核心课程简介

房地产基本制度与政策课程简介　　　　　　附表2

课程名称	房地产基本制度与政策	学时	理论50学时 实践14学时
教学目标	专业能力：知识掌握能力 1. 了解房地产、房地产业 2. 熟悉房地产法律体系 3. 掌握房地产业发展主导政策与制度 方法能力：素质能力 1. 能根据房地产制度和相关政策法规分析房地产发展的外部环境 2. 能利用相关法规进行实际案例分析 社会能力：实践能力 1. 政策解读 2. 处理一般房地产法律纠纷		
教学内容	单元1. 房地产法律法规概述 1. 房地产和房地产业 2. 我国房地产法律制度发展历程 3. 房地产法律体系 单元2. 房地产权益 1. 房地产所有权 2. 土地所有权 3. 房屋所有权 单元3. 建设用地法律制度 1. 土地征收 2. 土地使用权取得 3. 闲置土地的处理 单元4. 国有土地上房屋征收与补偿法律制度 1. 国有土地上房屋征收与补偿 2. 国有土地上房屋征收的补偿		

续表

课程名称	房地产基本制度与政策	学时	理论50学时 实践14学时
教学内容	3. 国有土地上房屋征收的估价 4. 国有土地上房屋征收纠纷的处理 5. 国有土地上房屋征收的法律责任 单元5. 房地产开发建设法律制度 1. 房地产开发企业管理 2. 房地产开发规划管理 3. 房地产开发建设管理 单元6. 房地产交易管理法律制度 1. 房地产交易概述 2. 房地产转让管理 3. 商品房销售管理 4. 房屋租赁管理 5. 房地产抵押管理 单元7. 房地产权属登记法律制度 1. 房地产权属登记概述 2. 土地登记制度 3. 房屋权属登记制度 单元8. 房地产税收法律制度 1. 房地产税收制度概述 2. 几种具体的房地产税 3. 有关房地产税收的优惠政策 单元9. 房地产中介服务管理法律制度 1. 房地产中介服务概述 2. 房地产咨询 3. 房地产价格评估 4. 房地产经纪 单元10. 住房公积金法律制度 1. 住房公积金法律制度概述 2. 住房公积金管理制度的运作模式 3. 住房公积金贷款 单元11. 物业管理法律制度 1. 物业管理概述 2. 物业服务企业 3. 业主、业主大会和业主委员会 4. 物业服务合同 5. 建筑物区分所有权 6. 住宅专项维修资金 单元12. 房地产纠纷处理法律制度 1. 房地产纠纷概述 2. 房地产纠纷的协商和调解 3. 房地产纠纷的仲裁 4. 房地产纠纷的诉讼		

续表

课程名称	房地产基本制度与政策	学时	理论 50 学时 实践 14 学时
实训项目及内容	实训项目 1. 房地产土地权属制度案例分析 针对当前国有土地征收、权属划分案例进行分析并给出合理解决方案 实训项目 2. 房地产税收制度解读 查阅相关税收制度在各地的执行情况，分析税制改革对房地产业的影响 实训项目 3. 房地产法律纠纷案例分析 针对当前房地产领域一些典型纠纷作出合理分析、给出解决方案		
教学方法建议	1. 互动式教学 2. 小组讨论法 3. 多媒体演示法		
考核评价要求	1. 学生自我评价 2. 参与课堂讨论与实际案例分析 3. 课堂提问		

房地产营销策划课程简介 附表 3

课程名称	房地产营销策划	学时	理论 40 学时 实践 24 学时
教学目标	专业能力：知识掌握能力 1. 房地产项目 STP 策划 2. 房地产项目营销组合策划 方法能力：素质能力 1. 房地产项目产品定位能力 2. 房地产项目营销策划能力 社会能力：实践能力 1. 能够完成房地产项目市场调查与分析 2. 通过小组协作完成房地产项目营销策划方案		
教学内容	单元 1. 房地产项目前期策划 1. 项目选址 2. 土地使用权的获取 3. 房地产项目可行性研究 单元 2. 房地产项目市场环境分析 1. 房地产项目市场环境分析 2. 客户需求分析 3. 项目竞争楼盘分析 4．房地产项目市场调查 单元 3. 房地产项目 STP 策划 1. 房地产项目市场细分 2. 房地产项目目标市场选择		

续表

课程名称	房地产营销策划	学时	理论 40 学时 实践 24 学时
教学内容	3. 房地产项目市场定位 单元 4. 房地产项目营销组合策划 1. 房地产项目产品策划 2. 房地产项目价格策划 3. 房地产项目渠道策划 4. 房地产项目促销策划 单元 5. 房地产项目营销计划组织执行与销售管理策划 单元 6　房地产项目营销策划书撰写		
实训项目及内容	项目 1. 市场调查 消费者消费行为模式和购买决策调查、住宅消费偏好因素调查 项目 2. 房地产市场营销策划 针对某楼盘拟定营销策略、编制营销策划书		
教学方法建议	1. 互动式教学 2. 多媒体演示法 3. 项目式教学法 4. 情景模拟教学法		
考核评级要求	1. 课堂提问 2. 完成给定的案例 3. 课后练习完成情况 4. 根据学生策划方案完成情况评定		

房地产经纪基础课程简介　　　　　　　　　　　　　　附表 4

课程名称	房地产经纪基础	学时	理论 40 学时 实践 24 学时
教学目标	专业能力：知识掌握能力 1. 房地产经纪行业发展 2. 房地产经纪业务管理 方法能力：素质能力 1. 房屋买卖 2. 房屋租赁 社会能力：实践能力 1. 构建房地产经纪人员职业规范与诚信体系 2. 房地产经纪人协理资格		

续表

课程名称	房地产经纪基础	学时	理论 40 学时 实践 24 学时
教学内容	单元 1. 房地产经纪行业 1. 房地产经纪专业人员职业资格制度 2. 房地产经纪人协理 3. 房地产经纪行业发展 单元 2. 房地产经纪管理 1. 房地产经纪机构设立和备案 2. 房地产经纪相关主体的法律关系 3. 房地产经纪行为规范 4. 房地产经纪行业管理 单元 3. 房屋买卖 1. 房屋买卖流程 2. 房屋买卖应缴税费 单元 4. 房屋租赁 1. 房屋买卖流程 2. 房屋买卖应缴税费 单元 5. 不动产登记 1. 不动产登记种类 2. 不动产登记规定		
实训项目及内容	项目 1. 房屋买卖 项目 2. 房屋租赁 项目 3. 不动产登记		
教学方法建议	1. 互动式教学 2. 多媒体演示法 3. 案例教学法		
考核评价要求	1. 课堂提问 2. 完成给定的案例 3. 课后练习完成情况 4. 根据学生实训作业完成情况评定		

房地产经纪操作实务课程简介　　　　附表 5

课程名称	房地产经纪操作实务	学时	理论 40 学时 实践 24 学时
教学目标	专业能力：知识掌握能力 1. 房地产经纪业务流程 2. 房地产经纪业务的类型及环节 3. 房地产经纪业务成交影响因素 方法能力：素质能力 1. 二手房交易促成 2. 房地产租赁促成 3. 商品房销售代理 社会能力：实践能力 1. 构建房地产经纪人员职业规范与诚信体系 2. 房地产交易流程与合同		

续表

课程名称	房地产经纪操作实务	学时	理论40学时 实践24学时
教学内容	单元1. 二手经纪业务流程 1. 按揭贷款、二手房交易过户 2. 房地产租赁流程 单元2. 房地产租赁业务 1. 客户寻找与开拓 2. 客户房源配对，业务促成 单元3. 房地产代理业务 1. 代理业务获取 2. 代理业务流程		
实训项目及内容	项目1. 代理业务实训 楼盘销售代理、二手房转让代理 项目2. 居间业务实训 租赁居间、买卖居间		
教学方法建议	1. 互动式教学 2. 多媒体演示法 3. 项目式教学法 4. 情景模拟教学法		
考核评价要求	1. 课堂提问 2. 完成给定的案例 3. 课后练习完成情况 4. 根据学生实训作业完成情况评定		

3 教学进程安排及说明

3.1 专业教学进程安排（按校内5学期安排）

房地产经营与管理专业（房地产经纪方向）教学进程安排　　附表6

课程类别	序号	课程名称	学时			课程按学期安排					
			理论	实践	合计	一	二	三	四	五	六
		一、文化基础课									
必修课	1	军事理论	32	0	32	√					
	2	毛泽东思想和中国特色社会主义理论体系概论	64	0	64	√					
	3	经济数学	64	0	64	√	√				

续表

课程类别	序号	课程名称	学时			课程按学期安排					
			理论	实践	合计	一	二	三	四	五	六
		一、文化基础课									
必修课	4	英语	128	0	128	√	√				
	5	大学生职业生涯规划	24	8	32	√					
	6	健康教育	24	0	24	√					
	7	思想道德修养与法律基础	48	0	48		√				
	8	体育	30	66	96	√	√	√			
	9	计算机应用基础	32	32	64		√				
	10	形势与政策	16	0	16				√		
	11	应用文写作	32	0	32				√		
	12	创新创业理论与实践	20	12	32				√		
		小计	514	118	632						
		二、专业课									
	13	管理学基础	34	14	48	√					
	14	房地产开发经营与管理	40	24	64	√					
	15	建筑工程基础	80	48	128	√	√				
	16	房地产投资分析	34	14	48		√				
	17	房地产会计	34	14	48		√				
	18	房地产基本制度与政策★	50	14	64			√			
	19	互联网＋房地产数据分析	30	18	48			√			
	20	房地产营销策划★	40	24	64			√			
	21	房地产经纪基础★	40	24	64			√			
	22	消费心理学	44	20	64			√			
	23	房地产查验	20	12	32			√			
	24	公共关系与礼仪	30	18	48				√		
	25	城市规划与建筑CAD	40	24	64				√		
	26	房地产经纪操作实务★	40	24	64				√		
	27	商业地产招商与运营	34	14	48				√		
	28	房地产网络营销	30	18	48				√		
	29	房地产门店运营与管理	30	18	48				√		
	30	房地产经营与管理综合实训	0	200	200					√	
		小计	650	542	1192						

续表

课程类别	序号	课程名称	学时			课程按学期安排					
			理论	实践	合计	一	二	三	四	五	六
		三、限选课									
选修课	31	建筑文化	20	12	32	√					
	32	合同管理	20	12	32				√		
	33	房地产项目管理	20	12	32	√					
	34	房地产价格评估	20	12	32				√		
		小计	80	48	128						
		四、任选课									
		小计									
毕业环节		五、毕业环节									
	35	毕业实践		750	750					√	√
		小计		750	750						
合计			1244	1458	2702						

注：1. 标注★的课程为专业核心课程；
    2. 任选课程根据各校实际情况选择开设。

3.2 实践教学安排

房地产经营与管理专业（房地产经纪方向）实践教学安排　　　　附表7

序号	项目名称	对应课程	教学内容	学时	按学期安排					
					一	二	三	四	五	六
1	房地产经纪综合实训（校内）	1. 公共关系与礼仪 2. 房地产开发经营与管理 3. 房地产投资分析 4. 房地产营销策划 5. 房地产经纪操作实务	1. 礼仪实训 2. 房地产市场调研 3. 房地产项目投资分析 4. 房地产营销策划方案 5. 房地产经纪流程模拟	200			√	√		
2	顶岗实习（校外实训基地或实习单位）	1. 公共关系与礼仪 2. 房地产开发经营与管理 3. 房地产投资分析 4. 房地产营销策划 5. 房地产经纪操作实务 6. 房地产统计 7. 互联网＋房地产数据分析 8. 房地产网络营销 9. 房地产经纪门店运营与管理	1. 沟通与礼仪 2. 房地产项目开发可行性分析 3. 房地产开发项目管理 4. 房地产营销策划与销售 5. 房地产经纪实操 6. 房地产统计方法 7. 数据分析可视性 8. 网络营销方法 9. 团队管理	750					√	√
		合　计		950						

注：每周按25学时计算。

3.3 教学安排说明

独立的实践性教学环节从第 5 学期起开设,安排在校内结合校外进行。

实践内容涵盖:沟通与礼仪、互联网+房地产数据分析、项目营销策划、投资分析、开发项目管理、房地产销售、房地产经纪流程、团队管理、房地产网络营销、顶岗实习等。

独立实践性教学环节的教学目标是:熟悉房地产经纪公司的组织结构与运行,了解岗位工作职责与内容,熟悉房地产项目投资分析、开发经营、营销策划和中介服务各个工作环节的技术,掌握各种房地产文书编制技巧。

实行学分制的学校,修业年限可为 2～6 年。

课程学分:视课程程度和重要性每 16～20 学时计 1 学分,实践课每周计 1 学分。

毕业总学分 150 学分左右。

附录 2

高等职业教育房地产经营与管理专业（房地产经纪方向）校内实训及校内实训基地建设导则

1 总　　则

1.0.1　为了加强和指导高等职业教育房地产经营与管理专业（房地产经纪方向）校内实训教学和实训基地建设，强化学生实践能力，提高人才培养质量，特制定本导则。

1.0.2　本导则依据房地产经营与管理专业（房地产经纪方向）学生的专业能力和知识的基本要求制定，是《高等职业教育房地产经营与管理专业教学基本要求》的重要组成部分。

1.0.3　本导则适用于房地产经营与管理校内实训教学和实训基地建设。

1.0.4　本专业校内实训应与校外实训相互衔接，实训基地应与其他相关专业及课程的实训实现资源共享。

1.0.5　房地产经营与管理专业（房地产经纪方向）校内实训教学和实训基地建设，除应符合本导则外，尚应符合国家现行标准、政策的有关规定。

2 术　　语

2.0.1　实训

在学校控制状态下，按照人才培养规律与目标，对学生进行职业能力训练的教学过程。

2.0.2　基本实训项目

与专业培养目标联系紧密，应当开设，且学生必须在校内完成的职业能力训练项目。

2.0.3　选择实训项目

与专业培养目标联系紧密，应当开设，但可根据学校实际情况选择在校内或校外完成的职业能力训练项目。

2.0.4　拓展实训项目

与专业培养目标相联系，体现学校和专业发展特色，可在学校开展的职业能力训练项目。

2.0.5　实训基地

实训教学实施的场所，包括校内实训基地和校外实习基地。

2.0.6　共享性实训基地

与其他院校、专业、课程共用的实训基地。

2.0.7　理、实一体化教学法

即理论、实践一体化教学法，将专业理论课与专业实践课的教学环节进行整合，通过设定的教学任务，实现边教、边学、边做。

3 校内实训教学

3.1 一般规定

3.1.1 房地产经营与管理专业（房地产经纪方向）必须开设本导则规定的基本实训项目，且应在校内完成。

3.1.2 房地产经营与管理专业（房地产经纪方向）应开设本导则规定的选择实训项目，且宜在校内完成。

3.1.3 学校可根据本校专业特色，选择开设拓展实训项目。

3.1.4 实训项目的训练环境宜符合房地产经营与管理领域的真实环境。

3.1.5 本章所列实训项目，可根据学校所采用的课程模式、教学模式和实训教学条件，采取理、实一体化教学训练；可按单个项目开展训练或多个项目综合开展训练。

3.2 基本实训项目

3.2.1 房地产经营与管理专业（房地产经纪方向）的基本实训项目应符合表 3.2.1 的要求。

基本实训项目主要包括：公共关系与礼仪实训、互联网＋房地产数据分析实训、房地产项目投资分析实训、房地产市场营销策划实训、房地产经纪流程实训、房地产销售实训等 6 项。

房地产经营与管理专业（房地产经纪方向）基本实训项目　　表 3.2.1

序号	实训项目	能力目标	实训内容	实训方式	评价要求
1	公共关系与礼仪	培养学生的职业素养，提升礼仪修养，通过着装、举止、言谈彰显个人专业形象，提升公司公众形象	个人职业形象塑造与客户接待服务	教师指导，分组实训	建议根据任务完成情况、成果质量、面试等环节确定总评成绩
2	互联网＋房地产数据分析	掌握互联网＋房地产数据分析的方法与技巧，培养学生高尚的职业道德和敬业精神	完成符合规范的房地产市场调研报告及调研工作总结	教师指导，分组实训	建议根据任务完成情况、成果质量、团队协作情况等环节确定总评成绩
3	房地产项目投资分析	熟练应用经济评价指标对房地产项目进行投资分析	房地产市场调研，收集整理数据，编制投资分析报告	教师指导，分组实训	建议根据任务完成情况、成果质量、面试等环节确定总评成绩

续表

序号	实训项目	能力目标	实训内容	实训方式	评价要求
4	房地产市场营销策划	能够根据不同房地产项目制定营销策略,编写房地产营销策划书	房地产项目营销策划书的编制	教师指导分组实训沙盘模拟	建议根据任务完成情况、成果质量、PPT展示等环节确定总评成绩
5	房地产经纪流程	能够熟悉房地产经纪业务的基本类型和流程,熟练使用房地产经纪业务的常用技巧 项目1.代理业务实训:包括楼盘销售代理、二手房转让代理 项目2.居间业务实训:包括租赁居间、买卖居间	模拟操作房地产经纪业务中的居间、代理、行纪等业务	给定经纪对象条件下分组进行经纪业务流演示、完成经纪业务报告	根据实训过程、实训完成时间、实训作业、团队协作及实训成果进行评价
6	房地产销售	进行楼盘销讲、新房预售等操作	模拟现场销售	教师指导分组实施沙盘模拟	建议根据销售说辞、销售技巧的运用及团队协作等进行综合评价

3.3 选择实训项目

3.3.1 房地产经营与管理专业(房地产经纪方向)的选择实训项目应符合表3.3.1的要求。

选择实训项目主要包括:房地产网络营销实训、房地产门店运营与管理等2项。

房地产经营与管理专业(房地产经纪方向)选择实训项目　　表3.3.1

序号	实训项目	能力目标	实训内容	实训方式	评价要求
1	房地产网络营销	培养学生掌握各种房地产网络营销工具与推广技巧,针对不同的房地产项目编写网络营销策划书	编写指定的房地产项目网络营销策划书	分组实训教师指导	根据实训过程、实训报告质量、团队协作情况进行评价
2	房地产门店运营与管理	能够熟悉商圈调查与门店选址、门店设计与店内布局,编写房地产门店运营与管理策划	编写房地产门店运营与管理策划书	分组实训教师指导	根据实训过程、实训报告质量、团队协作情况进行评价

3.4 拓展实训项目

3.4.1 房地产经营与管理专业（房地产经纪方向）可根据本校专业特色自主开设拓展实训项目。

3.4.2 房地产经营与管理专业（房地产经纪方向）开设拓展实训项目时，其能力目标、实训内容、实训方式、评价要求宜符合表3.4.1的要求。

拓展实训项目主要包括：建筑CAD使用实训、房地产开发项目招投标实训、装饰材料识别实训等3项。

房地产经营与管理专业（房地产经纪方向）拓展实训项目　　表3.4.1

序号	实训项目	能力目标	实训内容	实训方式	评价要求
1	建筑CAD使用	能够利用CAD的基本使用技巧绘制小区平面图和房屋结构示意图	软件使用和演示，提交CAD制图作品	单独操作软件、教师指导	根据实训过程和成果进行评价
2	房地产开发项目招投标	能够根据建设项目招投标的基本法规、招投标流程编制简单的建设项目招投标书	编制建设项目招投标书	教师指导分组编制	根据实训过程、实训完成时间、投资分析报告质量、团队协作情况进行评价
3	装饰材料	使受训者能基本认识辨别各种建筑装饰材料的材质和质量等级	装饰材料识别	分组鉴别材料品级	根据实训过程、实训完成时间、投资分析报告质量、团队协作情况进行评价

3.5 实训教学管理

3.5.1 各院校应将实训教学项目列入专业培养方案，所开设的实训项目应符合本导则要求。

3.5.2 每个实训项目应有独立的教学大纲和考核标准。

3.5.3 学生的实训成绩应在学生学业评价中占一定的比例，独立开设且实训时间1周及以上的实训项目，应单独记载成绩。

4 校内实训基地

4.1 一般规定

4.1.1 校内实训基地的建设，应符合下列原则和要求：

1. 因地制宜、开拓创新，具有实用性、先进性和效益性，满足学生职业能力培养的需要；

2. 实训用设备应优先选用工程用设备。

4.1.2 各院校应根据学校区位、行业和专业特点，积极开展校企合作，探索共同建设校内实训基地的有效途径，积极探索虚拟工作环境等实训新手段。

4.1.3 各院校应根据学校、区域、专业以及企业布局情况，统筹规划、建设共享型实训基地，努力实现实训资源共享，发挥实训基地在实训教学、企业培训、技术研发等多方面的作用。

4.2 校内实训基地建设

4.2.1 基本实训项目的实训设备（设施）和实训室（场地）是开设本专业的基本条件，各院校应达到本节要求。

选择实训项目、拓展实训项目在校内完成时，其实训设备（设施）和实训室（场地）应符合本节要求。

4.2.2 房地产经营与管理专业校内实训基地的场地最小面积、主要设备（设施）名称及数量应符合表 4.2.1 要求。

注：本导则按照 1 个教学班实训计算实训设备（设施）。

房地产经营与管理专业（房地产经纪方向）实训基地配置标准　　表 4.2.1

序号	实训任务	实训类别	主要实训设备名称	单位	数量	实训室（场地）面积（m²）
1	公共关系与礼仪	基本实训项目	电脑	台	20	不小于 50m²
			礼仪视频资料	套	5	
2	互联网＋房地产数据分析	基本实训项目	45 机位多媒体机房	间	1	不小于 100m²
			投影仪	台	1	
			上网服务器	个	1	
			房地产项目资料	套	5	
3	房地产营销策划	基本实训项目	标准实训室	间	1	不小于 100m²
			电脑	台	45	
4	房地产经纪流程模拟	基本实训项目	房地产交易合同范本	套	45	不小于 100m²
			电脑	台	45	
5	房地产投资分析	基本实训项目	45 机位多媒体机房	间	1	不小于 100m²
			上网服务器	台	1	
6	房地产销售	基本实训项目	区域沙盘	套	1	不小于 50m²
			投影仪	台	1	
			电脑	台	10	
			户型模型	套	10	

续表

序号	实训任务	实训类别	主要实训设备名称	单位	数量	实训室（场地）面积（m²）
7	房地产网络营销	选择实训项目	45机位多媒体机房	间	1	不小于100m²
			上网服务器	个	1	
8	房地产门店运营与管理	选择实训项目	45机位多媒体机房	间	1	不小于100m²
			上网服务器	个	1	
9	建筑CAD使用	拓展实训项目	电脑	台	20	不小于50m²
			建筑CAD软件	套	10	

注：表中实训设备及场地按一个教学班同时训练计算。

4.3 校内实训基地运行管理

4.3.1 学校应设置校内实训基地管理机构，对实践教学资源进行统一规划，有效使用。

4.3.2 校内实训基地应配备适当数量的专职管理人员，负责日常管理。

4.3.3 学校应建立并不断完善校内实训基地管理制度和相关绩效评价规定，使实训基地的运行科学有序，探索开放式管理模式，充分发挥校内实训基地在人才培养中的作用。

4.3.4 学校应定期对校内实训基地设备进行检查和维护，保证设备的正常安全运行。

4.3.5 学校应有足额资金的投入，保证校内实训基地的运行和设施更新。

4.3.6 学校应建立校内实训基地考核评价制度，形成完整的校内实训基地考评体系。

5 实 训 师 资

5.1 一 般 规 定

5.1.1 实训教师应履行指导实训、管理实训学生和对实训进行考核评价的职责。实训教师可以专兼职。

5.1.2 学校应建立实训教师队伍建设的制度和措施，有计划对实训教师进行培训。

5.2 实训师资数量及结构

5.2.1 学校应依据实训教学任务、学生人数合理配置实训教师，每个实训项目不宜少于2人。

5.2.2 各院校应努力建设专兼结合的实训教师队伍，专兼职比例宜为1∶1。

5.3 实训师资能力及水平

5.3.1 学校专任实训教师应熟练掌握相应实训项目的技能，宜具有房地产经营与管理一线岗位实践经验及相关职业资格证书或具备房地产领域中级及以上专业技术职务。

5.3.2 企业兼职实训教师应具备本专业理论知识和实践经验，经过教育理论培训；指导顶岗实训的兼职教师应具备房地产领域相应专业技术等级证书或具有房地产领域中级及以上专业技术职务。

本导则用词说明

为了便于在执行本导则条文时区别对待，对要求严格程度不同的用词说明如下：
1　表示很严格，非这样做不可的用词：
　　正面词采用"必须"；
　　反面词采用"严禁"。
2　表示严格，在正常情况下均应这样做的用词：
　　正面词采用"应"；
　　反面词采用"不应"或"不得"。
3　表示允许稍有选择，在条件许可时首先应这样做的用词：
　　正面词采用"宜"或"可"；
　　反面词采用"不宜"。

附录 3

高等职业教育房地产经营与管理专业（房地产经纪方向）顶岗实习标准

1 总　　则

1.0.1 为了推动房地产经营与管理专业（房地产经纪方向）校企合作、工学结合的人才培养模式的改革，保证顶岗实习效果，提高人才培养质量，特制定本标准。

1.0.2 本标准依据房地产经营与管理专业（房地产经纪方向）学生的专业能力和知识的基本要求制定，是《高等职业教育房地产经营与管理专业（房地产经纪方向）教学基本要求》的重要组成部分。

1.0.3 本标准是学校组织实施房地产经营与管理专业（房地产经纪方向）顶岗实习的依据，也是学校、企业合作建设房地产经营与管理专业（房地产经纪方向）顶岗实习基地的标准。

1.0.4 房地产经营与管理专业（房地产经纪方向）顶岗实习应达到的教学目标是：

（1）在职业素养上具有全新的适应市场需求的房地产经营管理理念、扎实的专业知识和职业技能、良好的职业道德、熟练的沟通技巧和协调能力。

（2）在职业内涵上加深对所学法律法规、外语、房产统计、计算机操作、应用文写作等基础文化知识领会和贯通能力。

（3）在职业技能上具有市场开拓、客户服务和维护能力、营销策划和执行能力、市场调研和统计分析能力、房地产数据分析和价值估算能力、获取市场信息及运用能力、学习与创新能力。

（4）在职业态度上能养成良好的职业道德，能够理解和掌握社会道德关系以及关于这种社会道德关系的理论、原则、规范；养成良好的职业情感、敬业精神，对所从事的职业及服务对象保持充沛的热情；养成良好的职业意志，具有自觉克服困难和排除障碍的毅力和精神；养成良好的职业理想，对所从事职业的未来发展，保持健康向上的正能量。

（5）在职业纪律上能遵守国家法律法规和行业的管理规定、遵守实习企业的各项管理制度和规定、遵守顶岗实习工作的各项操作规程、服从实习企业的工作安排，服从实习企业指导教师的指导和安排、服从学校实习指导教师的指导和安排。

（6）在企业文化上能熟悉并融入实习企业的文化，形成与实习企业文化相适应的职业行为习惯和企业价值观。

1.0.5 房地产经营与管理专业（房地产经纪方向）的顶岗实习，除应执行本标准外，尚应执行《房地产经营与管理专业（房地产经纪方向）教学基本要求》和国家相关法律法规。

2 术　　语

2.0.1 顶岗实习

指高等职业院校根据专业培养目标要求，组织学生以准员工的身份进入企（事）业等单位专业对口的工作岗位，直接参与实际工作过程，完成一定工作任务，以获得初步的岗位工作经验、养成正确职业素养的一种实践性教学形式。

2.0.2　顶岗实习基地

指具有独立法人资格，具备接受一定数量学生顶岗实习的条件，愿意接纳顶岗实习，并与学校具有稳定合作关系的企（事）业等单位。

2.0.3　企业资质

是指企业在从事某种行业经营中，应具有的资格以及与此资格相适应的质量等级标准。企业资质包括企业的人员素质、技术及管理水平、工程设备、资金及效益情况、承包经营能力和建设业绩等。

2.0.4　顶岗实习学生

指由高等职业院校按照专业培养目标要求和教学计划安排，组织进入到企（事）业等用人单位的实际工作岗位进行实习的在校学生。

2.0.5　顶岗实习协议

是按照《职业教育法》及各省、市、自治区劳动保障部门的相关规定，由学校、企业、学生达成的实习协议。

3　实习基地条件

3.1　一般规定

3.1.1　学校应建立稳定的顶岗实习基地。顶岗实习基地应建立在具有独立法人资格、依法经营、规范管理、安全生产有保障，以及生产经营范围与学生所学专业方向一致或相近的、自愿接纳顶岗实习的相关企事业单位。

3.1.2　顶岗实习基地应具备以下基本条件：

（1）有常设的实习管理机构和专职管理人员。

（2）有健全的实习管理制度、办法。

（3）有完备的劳动保护和职业卫生条件。

（4）不得安排非专业学生从事高空、井下、放射性、高毒、易燃易爆等国家规定的第四级体力劳动强度以及其他具有安全隐患的实习工作。

（5）学生顶岗实习应当执行国家在劳动时间方面的相关规定。

（6）实习报酬应当不低于当地劳动力最低收入标准。实习报酬的形式、内容和标准应当通过签订顶岗实习协议的形式来约定。

3.1.3　顶岗实习基地宜提供与本专业培养目标相适应的职业岗位，并应对学生实施轮岗实习。

3.2　资质与资信

3.2.1　顶岗实习基地的资质应满足以下要求：

（1）具有良好信誉且在业内有一定影响的房地产经营管理骨干企业。企业运营态势良好、经营和管理状况稳健、自愿接纳学生顶岗实习。企业应能提供多元化岗位，以利于市场波动状态下的学生职业生涯规划和逐步上升。

（2）经营范围应包括房地产项目开发、房地产经营、房地产估价、房地产营销、房屋租售代理和居间、房地产项目售后维护管理和招商运营等。

（3）具有完善的管理制度和服务体系，有良好的人才培养和管理机制，在岗位提供和带教老师的配备上能充分满足达成实习目标的需要。

3.2.2 顶岗实习基地的资信应满足以下要求：

（1）实习单位的营业执照，资质证书，安全生产许可证，税务登记证，组织机构代码齐全，内容真实正确。

（2）实习单位近三年无重大人为安全事故。

（3）企业信用等级优良（A级及以上），业界评价好。

3.3 场地与设施

3.3.1 实习企业应根据接收学生实习的需要，建立、健全本单位安全生产责任制，制定相关安全生产规章制度和操作规程，制定并实施本单位的生产安全事故应急救援预案，为实习学生和实习场所配备必要的安全保障器材。

3.3.2 实习企业应比照自身相应岗位员工在工作过程中所具备的场地与设施标准，向实习学生提供实习的场地与设施条件和相关信息资料，使学生能够完成实习工作。

3.3.3 学校应当与实习企业协商，为顶岗实习学生提供必需的食宿条件和劳动防护用品，保障学生实习期间的生活便利和人身安全。

3.4 岗位与人员

3.4.1 岗位

实习企业的岗位应包括置业顾问、营销策划员、房地产市场调研员、房地产投资分析员、房地产网络营销专员等。

3.4.2 人员标准

各校可根据校企合作企业的经营规模、校企合作协议等具体情况，安排适当数量的顶岗实习生参加实习，但必须使本专业学生的顶岗实习参加率达到100％。

4 实习内容与实施

4.1 一般规定

4.1.1 学校应根据顶岗实习内容选择适宜的工程项目。

4.1.2 顶岗实习的内容和时间安排应与专项技能实训、综合训练有机衔接。

4.1.3 顶岗实习岗位应包括：置业顾问、营销策划员、房地产市场调研员、房地产投资分析员、房地产网络营销专员等。还宜包括与本专业相关的企事业单位的相关专业岗位。

4.2 实习时间

4.2.1 顶岗实习时间不应少于一个学期，建议安排在第 3 学年第 5 学期或第 6 学期。各学校宜利用假期等适当延长顶岗实习时间。

4.2.2 各岗位实习时间不宜少于一个月。在同一企业内轮岗实习的，各岗位实习时间可按岗位工作内容、工作性质和企业需要灵活掌握。

4.3 实习内容及要求

4.3.1 置业顾问岗位的实习内容及要求应符合表 4.3.1 的要求。

置业顾问岗位的实习内容及要求　　　　　　表 4.3.1

序号	实习项目	实习内容	实习目标	实习要求
1	沟通交际和公关能力培养	1）公关礼仪 2）客户会见、协商、沟通	能协助房地产经纪人完成客户接待与沟通洽谈	（1）服从顶岗实习基地各项管理制度和要求 （2）服从顶岗实习基地指导老师的指导和工作安排 （3）严格按照工作规程完成工作 （4）工作过程中善于思考、积极主动，处理和协调好人际关系 （5）认真完成每天每项工作的工作记录
2	居间与代理工作内容	1）熟悉居间与代理工作流程 2）房客源配对 3）现场查勘、带看	协助房地产经纪人员实现交易达成	

4.3.2 营销策划员岗位的实习内容及要求应符合表 4.3.2 的要求。

营销策划员岗位的实习内容及要求　　　　　　表 4.3.2

序号	实习项目	实习内容	实习目标	实习要求
1	编制营销策划书	针对目标楼盘拟定营销策略、编制营销策划书	熟悉营销策划书的结构，掌握编写营销策划书的技巧	（1）服从顶岗实习基地各项管理制度和要求 （2）服从顶岗实习基地指导老师的指导和工作安排 （3）严格按照工作规程完成工作 （4）工作过程中善于思考、积极主动，处理和协调好人际关系 （5）认真完成每天每项工作的工作记录
2	案场沟通协调	客户会见、协商、沟通	掌握沟通礼仪、技巧，学会客户心理分析	

4.3.3 房地产市场调研员岗位的实习内容及要求应符合表 4.3.3 的要求。

房地产市场调研员岗位的实习内容及要求　　　　　表 4.3.3

序号	实习项目	实习内容	实习目标	实习要求
1	宏微观市场调查	选择调查对象、确定调查内容、制定调查方案、有效进行市场调查并得出调查结论	能够熟练运用房地产经济、统计、会计知识进行常规的市场调研工作	（1）服从顶岗实习基地各项管理制度和要求 （2）服从顶岗实习基地指导老师的指导和工作安排 （3）严格按照工作规程完成工作 （4）工作过程中善于思考、积极主动，处理和协调好人际关系 （5）认真完成每天每项工作的工作记录
2	市场数据分析	收集、整理基础数据并编写相应报表，根据报表进行相关指标计算、得出结论性意见	能够运用所学理论知识，对各种房地产活动进行一般分析评价	

4.3.4 房地产投资分析员岗位的实习内容及要求应符合表 4.3.4 的要求。

房地产投资分析员岗位的实习内容及要求　　　　　表 4.3.4

序号	实习项目	实习内容	实习目标	实习要求
1	项目投资可行性分析	投资分析报告的编写	能够设计投资分析报告框架、熟练掌握报告的基本格式及内容编排、可以使用计算机相关软件进行报告编写、排版、打印输出等	（1）服从顶岗实习基地各项管理制度和要求 （2）服从顶岗实习基地指导老师的指导和工作安排 （3）严格按照工作规程完成工作 （4）工作过程中善于思考、积极主动，处理和协调好人际关系 （5）认真完成每天每项工作的工作记录
2	投资项目选择	收集、整理基础数据并编写相应报表、根据报表进行相关指标计算、得出结论性意见	能够运用所学理论知识，对各种房地产投资活动进行一般分析评价	

4.3.5 房地产网络营销专员岗位的实习内容及要求应符合表 4.3.5 的要求。

房地产网络营销专员岗位的实习内容及要求　　　　　表 4.3.5

序号	实习项目	实习内容	实习目标	实习要求
1	编制房地产网络营销策划方案	网络营销策划方案的编写	熟悉网络营销策划书的结构，掌握编写房地产网络营销策划方案的技巧	（1）服从顶岗实习基地各项管理制度和要求 （2）服从顶岗实习基地指导老师的指导和工作安排 （3）严格按照工作规程完成工作 （4）工作过程中善于思考、积极主动，处理和协调好人际关系 （5）认真完成每天每项工作的工作记录
2	推广方式选择	根据不同的房地产项目完成网络推广方式的策划	能够运用所学网络营销知识，对不同类型的房地产项目选择切实可行的网络营销推广方式	

4.4 指导教师配备

4.4.1 学校指导教师

学校指导教师应具有中级及以上的专业技术职称,具有房地产经营与管理工作实践经验和指导学生顶岗实习的能力。

4.4.2 企业指导教师

企业指导教师应具有中、高级技术职称,或是企业主管级或部门经理级管理人员,一般应具有相应岗位3~5年的工作经历。

4.4.3 加强职业教育

学校指导教师和实习企业指导教师都要加强学生顶岗实习期间的思想政治教育、职业安全教育、职业技能教育和职业道德教育。

4.5 实习考核

4.5.1 考核内容

对实习学生的考核内容主要包括:实习学生的工作态度、遵守实习企业的管理制度和工作纪律、工作技能和完成工作的质量、完成顶岗实习日(周)志情况、顶岗实习报告、实习企业带教教师的评价、实习学生的诚信记录等。

4.5.2 考核形式

顶岗实习考核应由学校组织,学校、企业共同实施,以企业考核为主,对学生在实习期间的工作表现、工作质量、知识运用和技术技能掌握情况等进行考核。考核结果分优秀、良好、中等、及格和不及格五个等级,学生考核结果在及格及以上者获得学分。实习成绩由实习基地(单位)和学校两部分考核成绩构成,比例由学校和企业商定。

4.5.3 考核组织

学校应与实习企业共同建立对学生的顶岗实习考核制度,共同制定实习评价标准。学校与实习企业应就学生的顶岗实习共同制定实习教学计划,按照实习教学计划完成教学任务。顶岗实习计划的内容应包括:实习教学所要达到的目标、各实习环节、课题内容、形式、程序、时间分配、实习岗位、考核要求及方式方法等。

学校应当做好学生顶岗实习材料的归档工作。顶岗实习教学文件和资料包括:(1)顶岗实习协议;(2)顶岗实习计划;(3)学生顶岗实习报告;(4)学生顶岗实习成绩或顶岗实习考核表;(5)顶岗实习日(周)志;(6)顶岗实习巡回检查记录;(7)学生诚信记录。

5 实习组织管理

5.1 一般规定

5.1.1 学校、企业和学生本人应订立三方协议,规范各方权利和义务。

5.1.2 学生实习期间应按国家有关规定购买实习责任保险,其费用分摊比例根据校企协议确定。

5.2 各方权利和义务

5.2.1 学校应享有的权利和应履行的义务是:

(1) 进行顶岗实习基地的规划和建设,根据专业性质的不同,建立数量适中、布点合理、稳定的顶岗实习基地。

(2) 根据专业培养方案,为学生提供符合要求的顶岗实习岗位。

(3) 全面负责顶岗实习的组织、实施和管理。

(4) 配备责任心强、有实践经验的顶岗实习指导教师和管理人员。

(5) 对顶岗实习基地(单位)的指导教师进行必要的培训。

(6) 根据顶岗实习单位的要求,优先向其推荐优秀毕业生。

(7) 对不符合实习条件和不能落实应尽义务的实习单位进行更换。

5.2.2 顶岗实习基地(单位)应享有的权利和应履行的义务是:

(1) 建立顶岗实习管理机构,安排固定人员管理顶岗实习工作,并选派有经验的业务人员担任顶岗实习指导教师,承担业务指导的主要职责。

(2) 负责对顶岗实习学生工作时间内的管理。

(3) 参与制定顶岗实习计划。

(4) 为顶岗实习学生提供必要的住宿、工作、学习、生活条件,提供或借用劳动防护用品。

(5) 享有优先选聘顶岗实习学生的权利。

(6) 依法保障顶岗实习学生的休息、休假和劳动安全卫生。

5.2.3 顶岗实习学生应享有的权利和应履行的义务是:

(1) 遵守国家法律法规和顶岗实习基地(单位)规章制度,遵守实习纪律。

(2) 服从领导和工作安排,尊重、配合指导教师的工作,及时反馈对实习的意见和建议,与顶岗实习基地(单位)员工团结协作。

(3) 认真执行工作程序,严格遵守安全操作规程。

(4) 依法享有休息、休假和劳动保护权利。

(5) 遵守保密规定,不泄露顶岗实习基地(单位)的技术、财务、人事、经营等机密。

（6）学生在顶岗实习期间所形成的一切工作成果均属顶岗实习基地（单位）的实习基地成果，将其应用于顶岗实习工作以外的任何用途，均需顶岗实习基地（单位）的同意。

5.3 实习过程管理

5.3.1 学校和实习单位在学生顶岗实习期间，应当维护学生的合法权益，确保学生在实习期间的人身安全和身心健康。

5.3.2 学校组织学生顶岗实习应当遵守相关法律法规，制定具体的管理办法，并报上级教育行政部门和行业主管部门备案。

5.3.3 学校应当对学生顶岗实习的单位、岗位进行实地考察，考察内容应包括：学生实习岗位工作性质、工作内容、工作时间、工作环境、生活环境及安全防护等方面。

5.3.4 学生到实习单位顶岗实习前，学校、实习单位、学生应签订三方顶岗实习协议，明确各自责任、权利和义务。对于未满18周岁的学生，应由学校、实习单位、学生与法定监护人（家长）共同签订，顶岗实习协议内容必须符合国家相关法律法规要求。

5.3.5 学校和实习单位应当为学生提供必要的顶岗实习条件和安全健康的顶岗实习劳动环境。不得通过中介机构有偿代理组织、安排和管理学生顶岗实习工作；学生顶岗实习应当执行国家在劳动时间方面的相关规定。

5.3.6 建立学校、实习单位和学生家长定期信息通报制度。学校向家长通报学生顶岗实习情况。学校与实习单位共同做好顶岗实习期间的教育教学工作。

5.3.7 顶岗实习基地接收顶岗实习学生人数超过20人以上的，学校应安排一名实习指导教师与企业共同指导与管理实习学生，有条件的学校宜根据实习学生分布情况按地区建立实习指导教师驻地工作站。

5.3.8 学生顶岗实习期间，遇到问题或突发事件，应及时向实习指导教师和实习单位及学校报告。

5.4 实习安全管理

5.4.1 实习安全管理总则

学校应根据学生顶岗实习工作岗位制定各项具体的安全工作规定，对学生进行系统的安全统筹，布置各时期的安全工作，加强与企业沟通，齐抓共管，全面落实各项安全措施。

5.4.2 实习安全管理措施

（1）完善合同责任制。应签订学校、顶岗实习学生、实习企业三方协议，明确各方的安全责任。

（2）建立学生保险制度。凡是参加顶岗实习的学生必须购买实习责任保险。

（3）强化预防意识，学校应当制定相应的顶岗实习学生安全管理措施，制定突发事件应急预案。

（4）严格请销假制度。实习学生要自觉遵守学校、实习单位的各项制度，服从实习单位和指导老师的安排，因事离开实习工作岗位，必须履行请假手续，按时销假，严禁学生擅自离开实习岗位或请假、超假不归。

5.5 实习经费保障

5.5.1 实习教学经费是指由学校预算安排，属实习教学专项经费，应实行"统一计划、统筹分配、专款专用"的原则。任何单位和个人不得挤占、截留和挪用。

5.5.2 实习教学经费开支范围可包括：校内实习指导教师的交通费、住宿费、补助费，学生实习责任保险费，实习教学资料费，实习基地的实习教学管理费、参观费、授课酬金等。

5.5.3 鼓励有条件的实习基地向顶岗实习学生支付合理的实习补助。实习补助的标准应当通过签订顶岗实习协议进行约定。不得向学生收取实习押金和实习报酬提成。

本标准用词说明

为了便于在执行本导则条文时区别对待，对要求严格程度不同的用词说明如下：

1 表示很严格，非这样做不可的用词：
  正面词采用"必须"；
  反面词采用"严禁"。

2 表示严格，在正常情况下均应这样做的用词：
  正面词采用"应"；
  反面词采用"不应"或"不得"。

3 表示允许稍有选择，在条件许可时首先应这样做的用词：
  正面词采用"宜"或"可"；
  反面词采用"不宜"。